幕末維新の兵庫・神戸

山崎 整◉著

幕末維新の兵庫・神戸——もくじ

収録写真のうち、＊印の写真は国立国会図書館提供

まえがき

山崎　整

兵庫県を良く言えば「多彩」でくくれるが、裏を返せば「つかみどころがない」との悪口にもなる。見方、捉え方によって、良くも悪くもなる兵庫県の「誕生前後」、つまり幕末・維新の激動の世を、全国的な視野を持ちつつ描いたのが本書である。二〇一八年は、神戸港開港と兵庫県誕生が共に「百五十周年」に当たる、またとない節目でもある。神戸市内では二〇一七年内に各種の開港百五十年イベントが盛大に行われたが、新暦で言えば「一八六八年一月一日開港」だから二〇一八年が正式な周年で、開港半年後の七月十二日に兵庫県が産声を上げたのだった。開港に至る道筋の複雑さは、幕末の混乱をそのまま反映しているし、開港後の半年だけでも話題に事欠かない。兵庫沖海戦が導火線となった戊辰戦争、備前藩兵と外国水兵が衝突した神戸事件と連続し、「県」誕生に至る前にも兵庫を冠する御役所―鎮台―裁判所への改称を経てきたのである。

筆者は、長く神戸新聞社で記者・編集委員・解説委員として、主に文化分野の取材・執筆に携わってきた。歴史・民俗・文学・音楽などを中心に多数の記事を書いた。中でも、この県域とがっぷり四つに組んで格闘したのが連載企画「新兵庫史―ふるさと全史」だった。私を含め四人の記者（中元孝迪・三木進・仲井雅史氏）が兵庫学取材班を組んで執筆に当たり、二〇〇三年四月から丸三年間、計約百五十回を連載。終了後、神戸新聞総合出版センターから『ひょうご全史―ふるさと7万年の旅』（二〇〇六年四月完結）として上下二巻で出版された。今回、同センターからお声掛けいただいたのは、こうした県史への取り組みに加え、県内の偉人三百五十人を簡潔に解説した新書判冊子『ゆかりの50人』（神戸新聞社編）シリーズ計七冊（二〇〇六年八月完結）を書かせてもらったご縁もあった。

実は神戸新聞では、筆者が入社する以前にも徹底的に兵庫県の歴史に切り込む連載記事が幾つも存在した。考古の世界を描いた「祖先のあしあと」に続き、一九六七年一月から翌年末までの丸二年間、計五百六十四回にも及ぶ「空前絶後の大河企画」とも言える「明治百年―兵庫県のあゆみ」（檀上重光・新豊正美・松田正・三木康弘氏担当）である。対象の時代は幕末・維新期から明治末まで。全四巻、千八百八十二ページにわたる書籍化もされた（『故郷《くに》燃える』一九七一年末完結）。しかし、半世紀近くを経た現在、この大著が一般の目に留まる機会はほとんどない。もったいない限りである。何とかエッセンスだけでも抽出できないか——。はるか先輩記者が歴史の跡を駆けずり回り、埋もれた資料を探索して専門家への取材も重ね、紡ぎ出した活字の結晶は、時を超えてもずっしりと重い。改めてひも解き、大いにインスピレーションを得た。本書誕生には、こうした下地があった。

京・阪・神の三都を比べると、朝廷があった京都、幕府の統治拠点だった巨大城郭を擁した大阪の陰に隠れ、神戸周辺の幕末・維新期は、語るべき事象がないのではないかと思われがちである。だが、事実は違う。「神戸開港」や「神戸事件」「神戸海軍操練所」「湊川神社」のように、ずばり現場となった出来事もさることながら、主舞台が遠く離れていても、兵庫がしっかり絡んでいるケースが意外と多い。例えば、日米修好通商条約を調印に持ち込んだハリスは「兵庫を開港した男」と位置付けられるし、旧幕府反乱軍の幹部として北海道の箱館（函館）・五稜郭の戦いで敗れた大鳥圭介は、尼崎藩の飛び地だった現在の上郡町の医家に生まれ、尼崎藩士への登用から徳島藩士を経て幕臣となった流れも面白い。その北海道で終結した戊辰戦争には、播磨の明石・小野・三日月三藩の兵も参加している。当時、徳島藩家老で淡路・洲本城代を務めた稲田家士も活躍、曲折を経て北海道へ移住後、今度は九州での西南戦争へもはるばる駆けつけるのである。「士族反乱」の最後に位置付けられる同戦争では、神戸港が後方基地となり、山県有朋らの政府要人も集結し、兵員と物資を補給していた事実は意外に知られていない。不平士族の代弁者に祭り上げられた西郷隆盛の自決という悲劇の結末で戦争は終わったが、西郷の全盛期、幕末の兵庫は、イギリス公使の通訳官だったアーネスト・サトウと密会、国の行く末を探った場所でもあった。

本書では、幕府の黄昏《たそがれ》から、もはや「侍の世」ではない事実を全国に知らしめた西南戦争終結後しばらくまでの激動期を扱い、できるだけ事実に即し、傑出した群像の生きざまをあくまで「歴史読み物」として書いた。何が真実であったか、今もって謎が残り、一部では解明も進んでいる中、新説の取捨選択と史料批判は、筆者自身のジャーナリスティックな手法と責任で行った。もちろん異説を否定・排除するものではないことをお断りしたい。

◇

【編注】明治六年に新暦が採用されるまでは、年月日は原則、和暦元号に続き旧暦の年月日を記し、便宜上、カッコ内に西暦を入れた。新暦に換算したものではないため、事象によっては一年のずれを生ずるが、特に注記はしなかった。開港・開市など西洋諸国が関係する出来事については適宜、新暦に換算した年月日を併記した。また「居留地競馬」を扱った章に限り、新暦の年月日のみを記した。巻末の「関連年表」では他の事項との前後関係を知る必要性から旧暦も記した。

参考資料として直接・間接に多数の文献・論文・資料などの刊行物のほか、兵庫県や神戸市などの各自治体が公開しているデータも活用したが、「読み物」としての性格上、ごく最近のもの以外は典拠を示さなかった。巻末の参考資料一覧を参照されたい。

分かりやすさを重視したため、引用も多くは原典のままではなく、「～の旨」として、要約などの改編を加えた。年齢は、生年月日が不明の場合以外は可能な限り「満」を用いた。金銭面については常に現代の貨幣価値に換算して併記した。金額は換算に使う媒体により大きく変わり、時には数倍の差が生じる場合もあるため、あくまで「目安」とご理解いただきたい。

神戸と勝海舟、そして龍馬

◆商船と軍船、発達に差

幕末の神戸が全国的な脚光を浴びるのは、海軍操練所と後にこれを取り込む形で世界に向けて開港した兵庫（神戸）港だろう。何しろ操練所は勝海舟が、当地を実地検分した十四代将軍徳川家茂《いえもち》から直々に開設許可を得た肝いりの施設だからである。

二百年以上も続いた鎖国は、世界的にも例がないほど長期にわたる平和をもたらした。幸い外国から攻められなかったのはもちろんだが、大きな内乱が起きなかったのも貢献した。幕府が巧みに仕組んだ戦乱防止策のおかげとも言える。「大船建造の禁」も策の一つである。慶長十四（一六〇九）年、西国諸大名に対して武力を制限するために五百石積み以上の大船を破棄し、建造を禁じたのに始まり、三代将軍家光によって大幅に改定された、寛永十二（一六三五）年の「武家諸法度《しょはっと》」で成文化された。

にもかかわらず幕府は何を思ったのか前年、「禁制」に反する、竜骨の長さ約三十八メートル、幅約二十メートルで、百丁の大艪《おおろ》を水夫二百人で漕《こ》ぐという史上最大の軍船「安宅《あたけ》（天下）丸」を完成させた。しかし、大き過ぎるために操船が難しく、ほとんど役立てられる機会がないまま隅田川河口に留め置かれた末、天和二（一六八二）年に解体された。これが大形和式軍船の最後となった。

船全般に対する大きさ制限は、家光による武家諸法度改定の三年後、「商船」に限り解かれる。加えて寛文十一、十二（一六七一、七二）年、河村瑞賢が東廻り・西廻りの両航路を開拓。こうしたおかげで、列島沿岸を西へ東へ広域に物資が行き交う流通経済が活性化。兵庫津から蝦夷《えぞ》地（北海道）まで往復した北前船をはじめ、菱垣《ひがき》廻船や、後に専ら灘界隈《かいわい》の銘酒を江戸に運んだ樽廻船が発達した。「千石船」と通称されながら江戸後期ともなると、実際には千五百石から二千石近い巨大な商船も投入され、経済発展をもたらした。そんな商船の発達とは裏腹に、こと「軍船」に関しては先の禁令による平和と引き換えに、全く発展はなかった。

◆勝海舟の台頭

そんな泰平の眠りに割って入ってきたのが十八世紀末からの外圧である。対策を講じる必要性を感じつつも幕府の動きは鈍い。軍船に対する「大船建造の禁」が解かれたのは、かのペリーが来航後、三カ月を経た嘉永六（一八五三）年九月。何ごとにも焦眉の急を要した頃だ。西洋列強に通用する艦船一隻なく、操れる船員も皆無の丸腰状態を一刻も早く脱する必要から安政二（一八五五）年十月、長崎に海軍伝習所が誕生した。ただし、直接の動機はあくまでオランダ国王ウィレム三世から軍艦「スンビン（観光）丸」が同年十月に寄贈されたためであり、幕府が積極的に動いた結果ではない。

幕府の対応がいかにも遅いそしりは免れないだろうが、全く無策だったわけでもない。和親条約締結後、危機感を抱いた日本人自ら見よう見まねながら「外洋船」の建造に着手する。先のオランダ艦がもたらされる一年半近くも早く、浦賀で「鳳凰《ほうおう》丸（後に豊島形）」が完成したのを皮切りに、下田で「君沢形」、鹿児島で「昌平丸」が、いずれも同艦到着に先んじて建造された。実物の船を手本にしようにもまだ無い。オランダ渡来の書籍や図面・絵図だけで設計から組み立てまでやってのけた。船大工の技術の高さがうかがえる。

ただ、艦船は出来ても、自在に操れる優秀な船員がいない。

勝海舟の出番である。旗本の息子として小普請組《こぶしん》という閑職からの脱却を夢想していた勝が、洋学の猛勉強により嘉永三（一八五〇）年、自らの私塾を開き、蕃書調所《ばんしょしらべしょ》勤務に推薦されたのに続いて、一期生として長崎海軍伝習所行きを命じられた。

長崎での丸三年の修業が、勝の運命をがらりと変えた。洋書による知識の蓄積で海軍力の重要性を十分認識した上での入所ではあったが、オランダ教官の座学・実習両面にわたる特訓は、勝に軍学力と同時に想像を絶する危機意識を植え込んだ。折から欧米列強の圧力は日増しに高まっていく。

勝海舟＊

さらなる海軍教育の必要性を実感し始めた矢先、安政六（一八五九）年四月、母校の伝習所がわずか三年足らずで閉鎖されてしまった。安政四（一八五七）年、江戸・築地に軍艦教授所（後に操練所―軍艦所―海軍所）が誕生し、財政難から遠い長崎での維持が難しくなったのに加え、大老井伊直弼《なおすけ》が生理的に「洋式」を嫌ったためともされる。

長崎伝習所の閉鎖から三年後の文久二（一八六二）年、勝は軍艦奉行並に栄進、翌年には「海軍操練所」建設掛の辞令も交付された。新たな水兵養成施設の用地を物色中に見つけたのが神戸村小野浜だった。

◆なぜ神戸に操練所が？

小野浜に決定した決め手は、老呉服商が私財を投じて造ったばかりの「船たで場」である。現代の乾ドックに当たる。当時、海運や漁業に使っていた木造船は、フナクイムシや腐食を防ぐため、定期的に船を陸に引き上げて船底を焼く必要があったが、兵庫かいわいにはドックがなく、遠く讃岐（香川県）や備前（岡山県）にまで行かなければならなかった。

そこで立ち上がったのが、全く畑違いの商人網屋吉兵衛である。二ツ茶屋村（現中央区元町通四丁目付近）の生まれ。兵庫の荒物屋の丁稚《でっち》時代から海に興味を持ち、築島《つきしま》の浜に出ては潮の干満を記録していた。その際、船乗りから何度も耳にしたのが、船たで場がない不便だった。

六十一歳で商売を息子に任せ、満を持して神戸村安永新田（現中央区海岸通の京橋東側山手）の入り江に狙いを定め、船たで場の設計に取り掛かった。幕府・大坂町奉行の認可も下り、安政二（一八五五）年に完成させた。規模は敷地の東西約百十メートルで、南北は東側約百メートル、西側約五十四メートル。吉兵衛はさらに設備の充実を図ろうとしたが、私財も尽き、借財も膨らんだ。近江国神崎郡小幡村（現滋賀県東近江市五個荘《ごかしょう》小幡《おばた》町《ちょう》）の呉服屋から代金未払いで訴えられたため、慌てて船たで場の所有権を個人から神戸村に移したり、あれこれ措置を講じたりしつつ何とか完成にこぎ着けた。

完成から八年後、船持ちに重宝されていた頃。文久三（一八六三）年四月二十三日、時の将軍家茂と軍艦奉行並で海軍操練所建設掛の勝が、その前に立った。吉兵衛も末席にたたずんだ。程なく始まる神戸海軍操練所の建設は、老呉服商の私財と心血を注いだ港湾施設が、幕府の大プロジェクトに取り込まれてしまう事実を意味した。吉兵衛の思いはさぞ複雑ではなかったか。

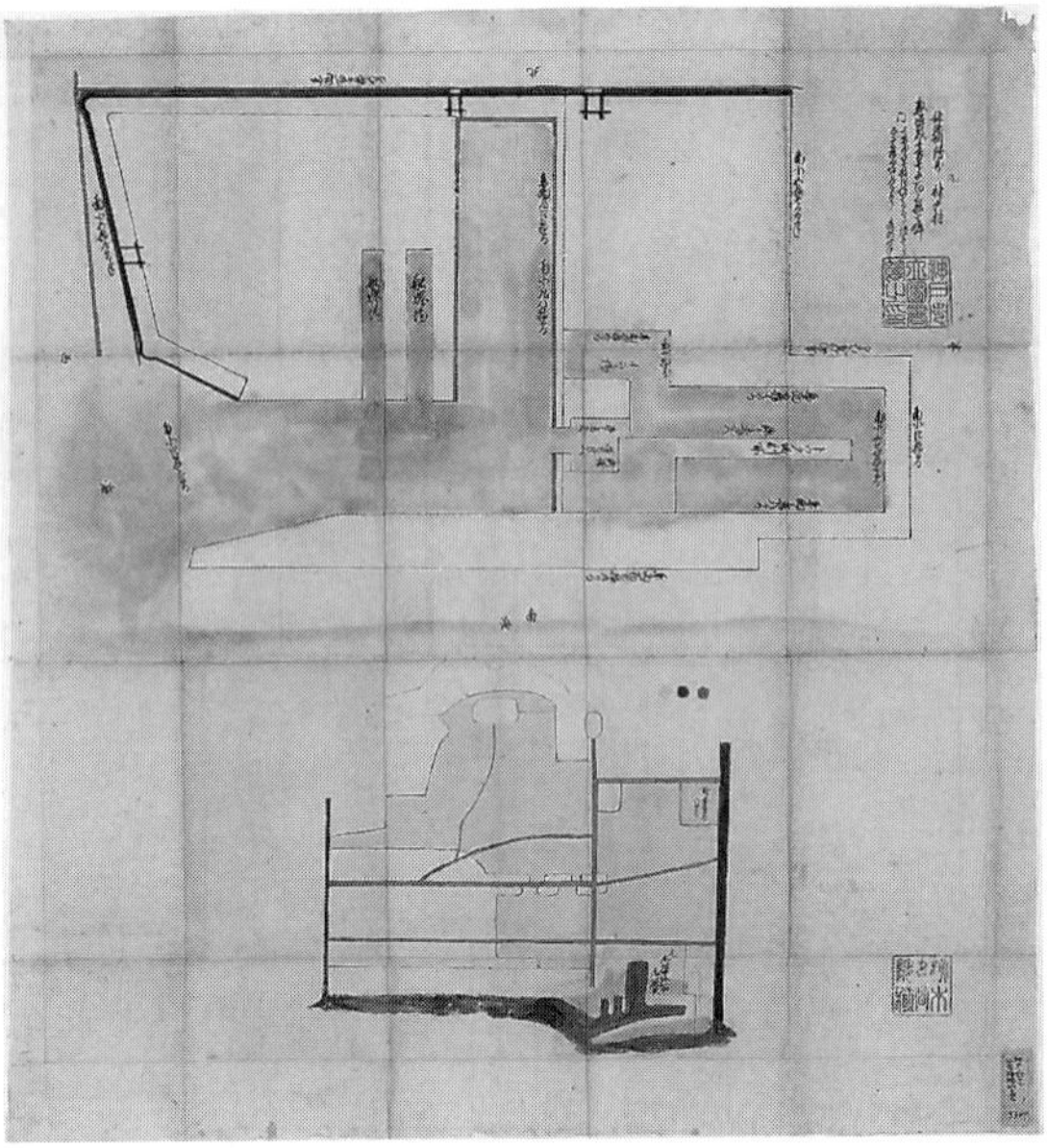
神戸海軍操練所平面図（神戸市立中央図書館所蔵）

◆多くの俊才を世に出す

勝は、旧生田川（現フラワーロード）西側の現三宮センター街東口付近に自らの神戸屋敷を構える一方、操練所とは別に現神戸朝日ビル前辺りに海軍私塾を設け、大坂・安治《あじ》川で教えていた塾生や門人を集めた。この中に坂本龍馬もいた。勝との出会いは二年近く前の文久二（一八六二）年十二月にさかのぼる。江戸の赤坂氷川町の勝邸。血気にはやる龍馬を見た勝が「私を殺しに来たな。目を見たら分かる」と図星を差し、おもむろに世界情勢を説き、海軍力強化の必要性を論じた。龍馬は感にたえ、その場で勝に入門を切望した。龍馬は、知人の土佐人を勧誘する。「人切り」の異名を取った岡田以蔵や、後に天誅《てんちゅう》組副将格になる吉村寅太郎ら討幕派が相次ぎ幕臣の勝門下となっていくが、このいびつな構図が勝の立場を危うくし、ひいては操練所の存続にも影響していくのである。

ともあれ元治《げんじ》元（一八六四）年五月、神戸に海軍操練所が正式に開所した。これに伴い、官船の管理と浦々の巡視に当たってきた、幕府の大坂船手組が廃止、人員が神戸に移管された。勝が学び、五年前に廃止されていた長崎伝習所の所属だった観光丸も大坂から神戸に移り、新たに米国製の練習蒸気船「黒龍丸」も加わった。

海軍操練所跡の碑

操練所には公募により幕臣のみならず諸藩の家士や浪士、もちろん勝の私塾生らも含め総勢二百人以上が集まった。門戸を広く開放した勝の狙いは「門閥打破」にあったが、血気盛んな若者を集め、佐幕と尊王で対立して殺し合うエネルギーを、航海術習得を通じて海外に向けようとの目論見の方が大きかった。事実、紀州藩の陸奥《むつ》宗光（後に四代兵庫県知事、外務大臣）、伊東祐亨《すけゆき》（後に海軍大将で黄海海戦の連合艦隊司令長官）ら多数の俊才を輩出した。

◆勝の失脚と操練所廃止

だが文久三（一八六三）年八月、公武合体派のクーデターで尊攘派が京都から一掃されると、幕府内では保守派が勢力を盛り返し、操練所に圧力を掛けてきた。地位が低かった勝のスピード出世へのねたみもあった。討幕を辞さない多くの若者を抱える勝を危険人物とみなす風潮が高まる中、決定的事件が翌年六、七月、京都で立て続けに起こった。尊攘派の長州藩士らが新選組に襲われた「池田屋事件」と、藩士殺害の敵を討とうと上京した同藩家老らが京都御所の蛤御門《はまぐりごもん》前で会津・薩摩両藩の兵と衝突して長州が敗れた「禁門の変」である。

この変に参加していた土佐脱藩士が勝の塾生で、命からがら兵庫から船で長州に逃れた事実を幕府に知られた。長州の敗残兵をかくまっていると疑われた勝は元治元（一八六四）年十月、大坂城代から江戸召還命令を受けた。同年五月、軍艦奉行に昇進していた勝は十一月、江戸で解任された。思わぬ勝の失脚で神戸の私塾は解散、龍馬らも四散。操練所は、後任で十二月十八日から軍艦奉行となる小栗上野介《こうずけのすけ》（忠順《ただまさ》）に託されたものの、元治二（一八六五）年三月十二日（九、十八日とも）、廃止された。

操練所では龍馬が指導的役割を担い、勝のもと塾頭を務めたとされるのが通説だが、松浦玲氏が『日本歴史人物事典』（一九九三年、朝日新聞社）に「（龍馬は）神戸を拠点として京坂の間を奔走し、尊攘激派朝廷と神戸海軍を結びつける構想を練ったが……一八六四年正式発足する幕府の操練所には入れなかった」と記すなど否定的な説もある。

坂本龍馬＊

◆龍馬のその後

龍馬が海軍操練所に入所したかどうかはともかく、勝の私塾で塾頭を務めていたのは確かであろう。それほど人望があった証しだが、加えて龍馬の視野の広さと行動力には勝からも一目置かれていた。実は龍馬が海外に目覚めたのは、勝に出会うずっと以前の少年時代にさかのぼる。父の後妻（龍馬の義母）の前夫の実家川島家との交流の中で見た世界地図や珍しい舶来品の数々が、龍馬の目を外国に向ける契機となった。長じて安政元（一八五四）年ごろ、中浜（ジョン）万次郎を聴取し『漂巽紀略《ひょうそんきりゃく》』全五巻を編んだ絵師で思想家の河田小龍から国際情勢や海運について学び、西洋砲術家徳弘孝蔵（董斎《とうさい》）にオランダ語の手ほどきも受けていた。こうした基礎知識を持ち合わせた上での勝との出会いであった。その後の龍馬は、勝の右腕となり東奔西走する。特に神戸海軍操練所の設立準備で、幕府から拠出される年三千両の資金では足りないと知るや早速、福井に走り、前藩主の松平春岳と交渉し千両借り受けの約束を取り付ける。この行動力も勝が見込んだ理由の一つだ。

元治元（一八六四）年五月の海軍操練所設立を挟み、海に開けた神戸に軸足を置いた龍馬はこの頃、公私にわたり多忙を極めていた。そんな中「禁門の変」直後の同年八月一日、お龍と内祝言を挙げたのは、ひと時の安らぎだっただろう。同月中旬には勝の紹介で西郷隆盛と会った。この西郷との出会いが龍馬を次のステージへと仕向ける重要なきっかけとなった。勝が江戸召還を命ぜられた際、失脚を確信していたのだが、自ら育てた塾生らを見捨てはしなかった。龍馬らの行く末を気に掛け、江戸へ出立する前に薩摩藩城代家老の小松帯刀《たてわき》に託して、薩摩藩の庇護を依頼していたのである。

勝からの頼みは薩摩藩にとっても好都合だった。塾生が習得した航海術の専門知識には、大いに触手が動いた。慶応元（一八六五）年五月頃、早速、龍馬らへの出資という形に表れた。「亀山社中」の誕生である。現在、社中と言えば専ら、邦楽のお囃子などのグループを意味するが、当時は英語の「カンパニー」の和訳として用いられ、商業活動に従事する株式会社に似た性格を持つ組織だった。同社中は長崎、下関、京都に事務所を置き、主に武器の売買による商業活動で莫大な利潤を上げていた。その財力をバックに薩摩・長州両藩を和解に導く道筋をも探っていた。ただ、亀山社中の活動は一年余りで、海援隊に受け継がれると、商業だけではなく、操船などの教育分野へと幅を広げ、神戸海軍操練所の閉鎖で成し得なかった実地訓練や座学が海運活動と並行して実施されていくが、まずは当時重宝された、発足したばかりの同社中の動きを追おう。

長征により幕府への反発を強めていた長州藩と外国との武器弾薬類の取り引きが幕府によって全面禁止されていたため、長州藩は近代的兵器の導入方法を模索していた。そこへ龍馬が登場する。おとがめのない薩摩藩名義で武器を調達して密かに長州に転売する策を提案した。取り引きと搬送は同社中が担当する案に両藩に異議はなかった。これが社中の初仕事となり、八月、長崎のグラバー商会からミニエー銃四千三百丁、ゲベール銃三千丁の買い付けに成功。さらに薩摩藩の名義貸しによりイギリス製蒸気軍艦ユニオン号（薩摩名「桜島丸」、長州名「乙丑丸《いっちゅう》」）も購入し、年末までに長州藩と桜島丸条約を締結、同船の運航は同社中に委ねられることになった。社中を通じた龍馬の商業的仲介が同時に政治的な薩長和解の契機ともなった。

慶応二（一八六六）年一月八日、薩摩・小松帯刀の京屋敷で、西郷隆盛と桂小五郎の薩長会談が開かれたが、話し合いは難航した。龍馬が同月二十日、下関から京都に着いても盟約は成立していなかった。二十一日、龍馬が列席する中、薩摩側から提示された六カ条の条文が検討され、ついに桂も了承した。薩長同盟が結ばれた瞬間だった。会談での龍馬の役割の軽重については説が分かれる。交渉をまとめた立役者とする見方では、桂が難色を示した後、龍馬が西郷に働きかけ、妥協を引き出したとする。逆に近年の研究では、亀山社中設立の際、投資をしてもらった薩摩への恩義から、西郷や小松ら薩摩藩の指示を受けて動いていたとする。この説では、薩長連合に龍馬が果たした役割は軽くなる。

盟約が成立した翌二十三日、龍馬は護衛役の長府藩士三吉慎蔵と投宿していた伏見寺田屋へ戻って祝杯を挙げた。しかし、伏見奉行が密かに龍馬捕縛に動いていた。未明に入浴中のお龍の察知で龍馬は危うく薩摩藩に救出され、九死に一生を得たが、両手指を切られる負傷を負った。この寺田屋騒動での傷は深く、西郷の勧めで治療のため龍馬は、お龍を伴い薩摩の霧島温泉での療養へ二月、京都を出立した。薩摩藩船に便乗して三月十日、薩摩に到着、八十三日間滞在した。このとき二人が霧島山や日当山《ひなたやま》温泉などを巡った旅は、日本初の新婚旅行とされる。

六月、幕府は十万を超える兵力を投入して第二次長州征伐を開始した。自ら長州藩のために調達したユニオン号に乗って下関に寄港した龍馬は、同藩の求めにより参戦、高杉晋作が指揮する小倉藩への渡海作戦で龍馬は同号を指揮して最初で最後の実戦を経験した。龍馬が斡旋した最新兵器が功を奏し長州軍は連戦連勝した。片や幕府軍総司令官の十四代将軍徳川家茂は心労が重なり七月十日、大坂城で病に倒れ、二十日、満二十歳の短い生涯を閉じた。第二次長征は立ち消えとなり、幕府を代表して同年五月、半年ぶりに軍艦奉行に復職していた勝海舟が長州藩と談判し、九月十九日、幕府軍は撤兵したが、一部で交戦が続き、和議の成立は翌慶応三（一八六七）年一月二十三日にずれ込んだ。

第二次長征で幕府軍の撤退に力を発揮した亀山社中だったが、薩摩藩から借りていた帆船が遭難して沈没したり、ユニオン号を長州に返還しなければならなかったりと、船乗り集団が肝心の操るべき船を失い、万事休した。そこへ慶応二（一八六六）年十月、薩摩藩が新たな帆船「大極（太極とも）丸」を供与してくれた。この時期、龍馬らは専ら薩長との蜜月にあったのに対して、出身の土佐藩は龍馬の二度目の脱藩を許してはいなかった。だが、世の情勢が急変し風向きが変わった。尊攘派の土佐勤王党の粛清に血道を上げていた土佐藩も、軍備の増強を急がねばならない事態に気付いた。同藩参政の後藤象二郎に長崎で武器弾薬の調達をさせていたところ、「蒸気船の操船技術と外国との交易実績」を併せ持つ龍馬と同社中の存在に改めて着目。翌慶応三（一八六七）年一月十三日、後藤・龍馬会談が実現した。財政的に窮地に立っていた同社中にとっては渡りに船、話はトントン拍子に進んだ。土佐藩当局はまず龍馬の脱藩を許し、同社中を藩の外郭団体に位置付け、四月に入って「海援隊」と改称した。

その規約が注目に値する。「土佐藩の援助を受けて」の「主要目的」が「同藩士や脱藩者、海外事業に志を持つ者を引き受け」と記す点である。つい先日まで龍馬ら脱藩者を罪人扱いしてきた藩の変わりようは目を疑うばかり。さらに「運輸・交易・開拓・投機」などの事業をする「海運と会社、学校を兼ねたような組織」としている。その結果、隊士に土佐藩士が多く参加したのはもちろん、越前・越後・讃岐・紀州など他藩出身者も交じる。これは、まさにかつて勝が「一大共有之海局」として、幕府と朝廷、それに西南雄藩はもとより、身分によらず広く門戸を開いて神戸に結集し、日本を束ねる海軍を目指した海軍操練所に何と似ていることか。こうして亀山社中から名も組織も改め、快調に滑り出したかと思われた藩肝いりの海援隊だったが、「好事魔多し」そのままに、同年四月二十三日夜、「いろは丸沈没事件」が発生した。伊予・大洲藩籍で海援隊が運用していたイギリス製の蒸気船が、備前国鞆の浦沖で紀州藩の大型船「明光丸」と衝突、いろは丸が沈没した。龍馬は万国公法を盾に紀州藩側の過失を追及した結果、薩摩藩士五代友厚の調停により、大量に積んでいた銃火器や金塊・陶器などの賠償として七万両（現在の約二十億円）を紀州藩から勝ち取った。しかしこの事件の痛手は大きく、海援隊の経済状況は厳しくなっていった。

それでも龍馬は意気軒昂で、同年六月十五日、在京中の藩主山内容堂に大政奉還論を説くため上洛途上、夕顔丸で「船中八策」を策定、後藤象二郎に示した。王政復古、二院制議会設置、不平等条約改定、憲法制定、海軍拡張などをうたう文字通り八カ条から成る政治綱領で、維新政府の「五箇条の誓文」に受け継がれていく。十月十五日、龍馬が望んだ大政奉還が実現、十一月上旬には「新政府綱領八策」を起草し、幕府に代わる政治体制を着々と積み上げていた頃、再び好事の魔が龍馬を襲う。十一月十五日、京河原町の蛸薬師、宿にしていた醤油商を営む近江屋で、十津川郷士と名乗る男数人に切られ、即死に近い形で殺害された。満三十一歳だった。

死の直前、新政府入りを勧められた龍馬は、かねて妻お龍に「役人になるのは嫌」と話していた通り「わしは世界の海援隊をやります」と、きっぱり断ったとされる。勝海舟仕込みの神戸海軍操練所魂を見せたのは、心ならずも若くして世を去った龍馬の真骨頂で、海援隊仲間への遺言ともなった。

近代的洋式砲台、県内4カ所に築造

◆迫りくる異国船

日本に初めて鎖国政策の変更を迫ったのはロシアである。アメリカからペリーが来航して「幕末」と呼ばれる激動の時代に突入する三十九年も前の寛政四（一七九二）年九月。ロシアのラクスマンが漂流民、大黒屋光太夫の護送を名目に蝦夷地（北海道）根室に入港、通商を申し入れてきた。南下政策を進めるロシアは、十四年前にも厚岸に来航、松前藩に通商を要求したのを前触れに、外国船が相次ぎ日本近海に出没していた。

幕府はちょうど一年前、対処法を各藩に通達したばかりだった。文化三（一八〇六）年、外国船から要求があれば、燃料や食料を与えた上、国策である鎖国を理由に幕府への取り次ぎを断り、速やかに退散させるべし――とする「薪水給与令」を発令。しかし外圧は次第に勢いを増し、十九世紀に入ると来航が続出する。

文化元（一八〇四）年、露レザノフが長崎に▽同三（一八〇六）年、露フヴォストフが樺太島などを襲撃▽同五（一八〇八）年、英フェートン号が長崎に侵入し、食料・飲料水の提供を強要▽文政元（一八一八）年、英ブラザーズ号が浦賀へ来るに及び、幕府はたまらず「異国船打払令《うちはらいれい》」を発令するが、長続きはしない。当初は、オランダから諸外国に本令を伝えることで、日本に接近する外国船を減少させる狙いもあったが、阿片戦争やイギリス軍艦の渡来情報などから、やがて、同令の継続はイギリスとの無用な紛争を招く恐れがあると考えるようになる。その判断に至る前の天保八（一八三七）年、漂流民を乗せて浦賀へ来た米モリソン号には、異国船打払令の規定通り砲撃して退去させはした。しかし幕府は、もはや同令の継続は無理と悟った。同十三（一八四二）年七月、三十六年ぶりに薪水給与令を復活させ、再び「穏便にお引き取りを願う」方針への回帰を余儀なくされた。これは「策」ではなく「危機の先延ばし」でしかなかった。

翌月、幕府は慌ただしく江戸湾防備を川越・忍《おし》両藩など諸大名に通達、同様に摂海（大坂湾）を含む海岸防備と武器・兵員の現況報告も命じるに及んだのも当然の帰結であろう。

そして具体的に「砲台建設励行」の命を下したのは、さらに七年を経た嘉永二（一八四九）年である。

◆軍備強化の命に各藩は

砲台とは「大砲を設置する台座」で、防衛拠点や交通の要衝のうち射界が広く取れる高所に設置して敵の侵攻を防ぐ。射程が長くなるほど反動も大きいため砲身を固定した方が命中精度は上がる。主に海上の艦船を砲撃する目的で幕末期、列島沿岸で集中的に設置された。規模・程度はまちまちで、整地しただけの仮設型から、石・レンガ組み、コンクリート造りで火薬庫や兵舎などの施設を併設した要塞型まであった。

そんな「砲台を建設せよ」との指令を受ける諸藩側の態勢が心もとない。ほとんどの藩財政が火の車で、軍備強化をするにもまともな武器がそろっていない。戦乱のない世が二百年も続いたため手入れされていなかったからだ。幕府の命令を受けた各藩の右往左往ぶりが伝わる。

よろい、かぶとが腐食したりネズミがかじったりしていた柏原藩《かいばら》 ▽領民から金を上納させて傷みの激しい具足類を急ぎ大修理した尼崎藩▽具足の他藩への売却を禁止した龍野藩▽重い戦装束を初めて着用した若武者らが次々あごを出した篠山藩……。加えて現兵庫県域では雄藩に入る尼崎・明石の両藩に天保十三（一八四二）年時点で大砲が一門もない事実が判明するなど、各藩は目を覆うばかりの窮状を幕府に報告せざるを得なかったのである。

尼崎・明石の両藩とも急ぎ大砲の鋳造に着手した。これに倣って姫路・龍野藩も十年近く遅れて続いた結果、ようやく播磨灘から摂海にかけての沿岸に砲台整備の下地が出来始める。曲がりなりにも幕命に何とか応えようとした藩は、家門・親藩と譜代藩がほとんどであった。

こうして家門・明石藩が大蔵谷に砲台を築いた嘉永六（一八五三）年六月、タイミング良く、あのペリーが来航、翌月にはロシア極東艦隊司令長官のプチャーチンが長崎に至った。慌てた幕府は九月、大船の建造を禁じる令を解いたが、泥縄感は否めない。

◆ロシアが接近、そのとき幕府は

明けた嘉永七（一八五四）年一月、約束通りペリーが再び来航、三月、「日米和親条約」を締結した。幕府にとっては苦渋の決断ではあったものの、ここまではいわば予定の流れ。ところが九月、予想外の事態となった。アメリカに後れを取ったと焦ったロシアのプチャーチン率いる艦船ディアナ号が、長崎から箱館（函館）を経て前触れもなく摂海に侵入、尼崎・兵庫・明石の海岸に接近する緊急事態が発生したのである。三カ月後には日米条約を追いかけるように「日露和親条約」を結ぶことになるが、九月時点では無法行為。このロシア艦船の侵入事件に衝撃を受けた幕府が、慌ただしく摂海防備を本格化させる。砲台建設命令から既に五年が経過していた。

この非常時に幕府の大坂城代は、どう動いたのだろうか。平成二十九（二〇一七）年、神戸市立博物館の特別展「開国への潮流―開港前夜の兵庫と神戸」図録は次のように伝える。「プチャーチンが大坂を次の交渉場所に選んだのは、天皇の居住する京都に近いこの湾に軍艦で乗り入れることで、軍事的脅威を与え、条約を優位に、そして早期に締結することを目指したため」で、大坂の支配をつかさどる大坂城代土屋寅直《ともなお》は「直ちに近隣の諸

明治後期から大正のころの和田岬砲台（左から２つ目、円柱形の建物）

大名や大坂の蔵屋敷に命じて守備にあたらせ、大坂町奉行らにロシア側との交渉を指示した」。同事件で幕府だけではなく朝廷も対外的危機感を一気に強め、「畿内の政治的地位が急速に高まった」と指摘する。

同館は、この事態で駆り出された大名らの布陣が分かる「諸家御固《おかため》之図」を所蔵している。図には各陣地の守りに就いた八十七大名・四旗本の名が確認でき、奉行の記録によると、「派兵数は六千二百余人を数え、兵站《へいたん》まで加えれば天保山周辺だけでも一万四〜五千人に達した」らしい。付近の河口に「徴発した民間船を押し並べて封鎖し、端艇等による大坂市中への侵入を阻止した」結果、ロシア側は「思うような成果が得られなかった」。

◆和田岬、湊川、西宮、今津の砲台

同展を企画した高久《たかく》智広学芸員は、同事件のもう一つ重要な要素を指摘する。大坂町奉行が各蔵屋敷に出した「目立たぬよう派兵を半減してもよい」旨の通知である。危機に便乗した商取引と値上げを禁止するとともに船持ちらには平常通りの運送に従事するよう命じている。派兵数削減は「蔵屋敷の経済的負担の緩和だけでなく、大坂の流通にかかる人足市場を健全化させる意図があった」と高久氏は考える。

西宮砲台

「大坂町奉行は軍事や外交だけでなく治安や経済政策とのバランスを図ることも重要な課題だった」ため、同職務に就く人物は「勘定・外国奉行、大目付、兵庫奉行などを兼務して幅広い権限を付与されながら軍備や開市・開港事務に携わっていく」その端緒こそこの事件だったと言う。

以後、摂海防備は、朝廷の意向を伺いながら進み、同館所蔵の「摂州海岸御固場所絵図」には、安政五（一八五八）年に堺から須磨までの海岸に配された諸大名の警備状況が図示されている。そして西洋の築城術に学んだ、堅牢《けんろう》で本格的な砲台の築造が文久三（一八六三）年から始まり、幕末期まで日本沿岸の台場の総数は千基にも及ぶ。摂海周辺の主なものだけでも六十五基ほどあり、文献上では優に百基を超える。

そんな数ある砲台の中で、日本国内では他に類例を見ない近代的洋式台場が四カ所、兵庫県内に造られた。和田岬、湊川、西宮、今津の各砲台である。いずれも

今津砲台跡の碑

中央に「石《せき》堡《ほ》塔」つまりマルテロタワーと称される円柱形の石造砲塔を備え、等間隔に十一の砲眼が設けられているため、三百六十度全方位への砲撃が可能だ。つまり、海上からだけではなく、上陸した敵に対しても砲撃できるように設計されていたことになる。

幕末当時、西洋の最新築城技術を駆使して造られた四砲台の後の運命は、まちまちである。和田岬砲台は、周囲の土塁は大正期までに消失したが、石堡塔部分は大正十（一九二一）年、国指定史跡となった。湊川砲台は、陸軍が火薬置き場として使用していたが、明

治二十四（一八九一）年の火災で内部の木造部分が焼失したため翌年、残った木材と石材は払い下げられ、解体された。西宮砲台は、円形土塁の石垣が部分的に残っており、大正十一（一九二二）年、国指定史跡となった。今津砲台は、明治四十三（一九一〇）年に払い下げられ、五年後、石材に転用するため解体されたが、一石だけ記念碑として残されている。

兵庫を開港した男・ハリス

◆日米修好通商条約のまとめ役

黒船四隻を率い近代日本の扉を開けたペリー。その名が今も著名であるのとは対照的に、ハリスの名と果たした役割を知る人は少ない。同じアメリカ人で共に幕末の日本を舞台に歴史的大役を担ったにもかかわらず。ただ二人の経歴には顕著な差がある。ペリーが東インド艦隊司令官で、遣日特使に任命されたのと比べると、ハリスは元商人で、いわばもぐりのように外交官になったとなれば、官と民、あるいは武と文、いや、エリート対庶民の階級差を感じさせる。

しかし、一介の商人が曲がりなりにも外交官となり、幕府側役人と互角以上に渡り合い、難しい日米交渉をアメリカの有利に導いたのだから、ただ者ではない。ハリスの来日は、ペリーが嘉永七（一八五四）年三月に結んだ「日米和親条約」の二年後。商人時代に鍛えた粘り腰で「日米修好通商条約」の条文をまとめ上げ、締結にまで持ち込んだのである。ハリス肝いりの諸規定こそ、日本に都合の悪い不平等条約として、日米通商航海条約が発効する明治三十二（一八九九）年まで、向こう四十年以上にわたって明治政府を苦しめる。そして修好条約に、他の候補地を押しのけて開港地兵庫（神戸）が盛り込まれたとあっては、ハリスこそ「兵庫を開港した男」と言って差し支えなかろう。「ペリーは日本の扉のかんぬきを外し、細めに開けた。ハリスは世界通商のために扉をいっぱいに開け放った」との例えは至言である。

◆教育者から貿易商、外交官へ

タウンゼント・ハリスは一八〇四年、ニューヨーク州サンディーヒルズに生まれ、十六歳から兄と共に陶器商を営んだ。傍ら読書で教養を身に付けた。単に稼ぐだけでは満足できない気質が、常人には思いもよらない多様な行動に駆り立てる。一つは「教育」である。自らも貧しい幼少期を過ごしたため、子どもたちが平等に教育を受けられるようにと、ニューヨーク市立大学の前身「フリーアカデミー（無月謝大学）」を設立したのが四十三歳のとき。同市政府教育局長も務めた経歴からすれば、アカデミーの理事職などに納まるのが普通だろうが、ハリスの人生行路は波乱に満ちる。

やがて目線は海外に向き、商船を

タウンゼント・ハリスの肖像とサイン
（国際日本文化研究センター所蔵）

買って東洋貿易に乗り出す。香港やシンガポールなどアジア諸国を巡るうち、固く国を閉ざす極東の謎の国日本に強い興味を持つに至った。上海で知り合ったペリーが二度目の訪日をすると知るや直ちに便乗を申し入れるも失敗。ペリーが日本の扉をこじ開けた後、駐日領事のなり手がいないと聞きつけ、今度はアメリカ政府に直談判に及ぶ。商人から外交官へ。断崖絶壁をよじ登るにも等しい、道なき道を諦めず突き進むのがこの男の本性である。結局、アメリカ政府を根負けさせてしまった。

一八五四年、手始めに中国・浙江省の港都・寧波の領事となり、シャム（現タイ）との通商条約締結に成功。その地で、後に駐日イギリス公使となるパークスとの知己を得ているから奇縁である。二年後の安政三（一八五六）年七月、ハリスは早くも憧れの来日を果たす。ペリーが結んだ日米和親条約に基づき初代日本総領事として下田に着任した。もう五十一歳になっていた。

◆条約調印へ難しい折衝

当初、江戸入りを希望したが、将軍のお膝元に外国人を入れたくない幕府側から許可されない。渋々、下田・柿崎の玉泉寺に総領事館を設置。翌年、蘭・英両語に堪能なオランダ人通訳のヒュースケン（当時二十三歳）らを雇い、通商条約締結に向け着々と仕事を進める。和親条約で不備だった日米金銀貨の同種同量での交換や、アメリカ側の領事裁判権などが盛り込まれた下田協約を安政四（一八五七）年五月、下田奉行と結び、十月には、降って湧いたように江戸上府も許された。

何があったのか。幕府が態度を軟化させたのは、緊迫したアジア情勢のせいで、前年、英仏連合と中国・清が再び戦った第二次阿片戦争「アロー号事件」の影響が大きい。年明け早々、長崎のオランダ商館長クルチウスが対外折衝に注意を与えていたのだ。清の二の舞いを案じた幕府がひるみ、アメリカには有利に働いた。阿片戦争に負けた清国は不平等な天津・北京の両条約を西洋列強に強要されるはめになった。

江戸城で十三代将軍徳川家定にアメリカ大統領の親書を渡したハリスは、九段下の蕃書調所に移り、日米折衝を繰り広げていく。激動する世界情勢に鑑み、老中筆頭で佐倉藩主堀田正睦《まさよし》に貿易の必要性を説得する一方、下田奉行井上清直や目付岩瀬忠震《ただなり》との間で条約交渉を進め、ついに安政五（一八五八）年六月十九日、横浜沖・八景島近くに停泊中のポーハタン艦上で念願の「日米修好通商条約」の調印にこぎ着けた。

◆兵庫開港にこだわり

妥結までには曲折があった。ハリスの将軍謁見から二カ月後の安政四（一八五七）年十二月十一日、談判が始まった。幾つかあった論争の焦点は「いつから、どこを開港・開市するのか」である。ハリスは「大坂の開市と堺の開港」を推したのに対して幕府側は拒否。

大坂は朝廷に近く、堺周辺には歴代天皇や皇族らが眠る陵墓がひしめくからと説明した。「では」と幕府から出た対案が「兵庫」だが、六日後には逆にハリスの方が兵庫に執着する。まともに風を受ける堺とは違い、西風に対する防風効果がある和田岬の存在と、巨船でも入港できる十分な水深を気に入った。

兵庫港は、奈良時代から大輪田泊《おおわだのとまり》として知られ、平清盛が修復し、中国・宋からの船を迎え入れた港。鎌倉時代以降、兵庫津《ひょうごのつ》と呼ばれ、室町期には三代将軍を引退した足利義満により明との間の勘合貿易でにぎわった国際貿易港としての実績があった。後には、内海航路の要港で、北前船《きたまえぶね》の根拠地だった事実をも勉強家のハリスは知っていた。幕府の提案があるまで気づかなかったのが不思議である。交渉でハリスは、兵庫で船の改修をしたい希望を伝えたのに対して、幕府から「人家が立て込み、修復場など設ける余地がない」と、はねつけられた。しかし「陸地に船を引き揚げなくても港内につないだままでも修復はできる。書籍に詳しく触れられており、ロシア人の報告もある。アメリカ大統領もよく知っている、こんな良港を打ち捨てておくと自分がとがめられる」と、文献による知識を総動員して食い下がった。

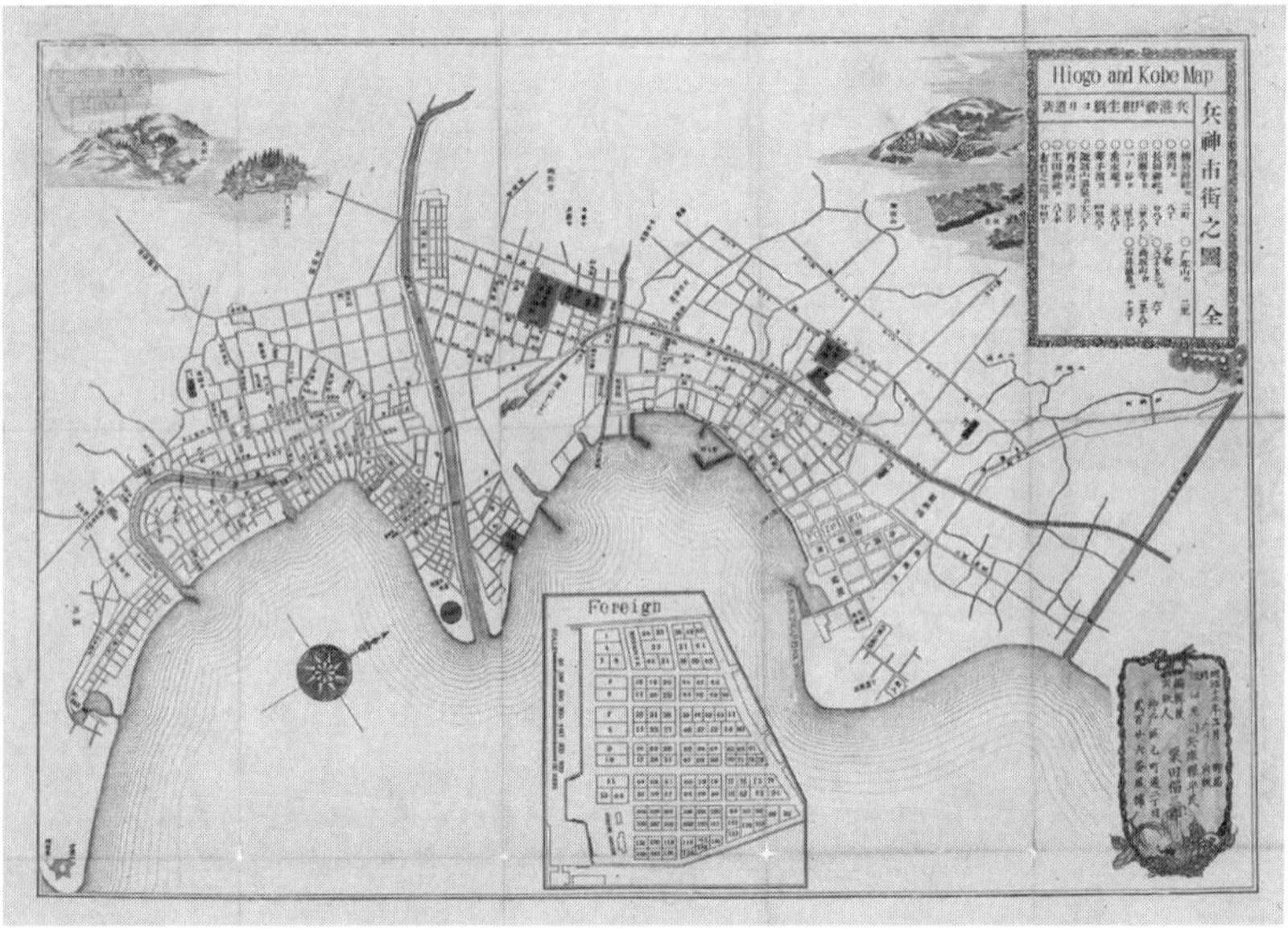

明治 13（1880）年発行の兵神市街之図（神戸市立中央図書館所蔵）

幕府は、自ら提案したものの兵庫開港を喜べない理由が二つあった。朝廷のある京にも十分近い上、開市される大坂との動線上に幕府直轄領以外の諸藩や公家の領地が横たわることである。押し問答の末、年が明けた安政五（一八五八）年一月十二日、ついに幕府が折れ、全ての談判が落着した。アメリカ公使の江戸駐在 ▽箱館（函館）、神奈川（横浜）、兵庫（神戸）、長崎、新潟の開港と江戸・大坂の開市 ▽領事裁判権（治外法権）▽外国人居留地の設置——など。結果的に兵庫と新潟の開港は、異なる理由で遅れるのだが、日米当事者の手打ち（一月）

から調印（六月）まで半年近くもかかっているのは不自然である。なぜか。もはや一存では事が決められないほど幕府が弱体化していたため「精神的権威の高い天皇の勅許を得て人心の統一を図ろう」と諸大名の大多数は考えた。ところが、勅許を得ようにも極端な外国嫌いの孝明天皇は、にべもない。たまらず大老井伊直弼《なおすけ》は、勅許を棚上げしての条約締結に動かざるを得なかったのである。

◆「唐人《とうじん》お吉」の真相は

調印から一年近くたった翌安政六（一八五九）年五月、同条約の規定により、まず箱館（函館）・神奈川（横浜）・長崎の三港が予定通り開港する直前、ハリスは初代駐日アメリカ公使に昇進、江戸・麻布善福寺に移り、公使館を置いた。翌万延元年十二月（新暦一八六一年一月）、四年間通訳として活躍したヒュースケンが尊王攘夷派の薩摩藩士らに路上で殺害された以外、ハリスには歴史年表に記すほどの事績はないものの、帰国する文久二（一八六二）年まで日米外交に深く関わった。

ハリスは帰国十六年後、病を得、満七十三歳で亡くなった。ニューヨーク市ブルックリンの墓には、ハリスの栄誉を称え、日本の灯籠と桜が植えられている。日米修好通商条約をアメリカで「ハリス条約」と通称される事実は、ハリスの果たした役割の大きさを日本よりもアメリカで高く評価している証しだろう。

ハリスは生涯独身であった事実から、世に言う「唐人お吉」との密な関係は後世の粉飾と見られる。当時、胃潰瘍《いかいよう》を患っていたハリスの看病のため、お吉が下田の領事館に入ったのは事実だが、幕府側が色仕掛けの好機と捉えた企てが露見し、怒ったハリスが三日で暇を出した。後にお吉からの嘆願により二カ月間、領事館で働かせてもらう——。何とも素っ気ないいつや消し話が真実らしい。

ハリスの晩年、ヒュースケンが命を落とす一年近く前まで、現播磨町出身の浜田彦蔵も領事館通訳としてハリスに仕えた事実を記しておかねばならない。浜田は嘉永三（一八五〇）年十月、栄力丸で江戸を出航後、遠州灘で遭難。五十二日間漂流してアメリカ船に救助され、翌年二月、サンフランシスコに着いた。一八五八年アメリカに帰化してジョセフ・ヒコと名乗り、日系アメリカ人第一号となった。ハリスに伴われ、長崎を経て神奈川に着いたのが安政六（一八五九）年六月、実に九年ぶりの帰国だった。同領事館通訳には中断を挟み二度着任しているが、ハリス在任中は安政七（一八六〇）年二月までの八カ月ほどだった。通訳以外では貿易業を営んだり、大蔵省に勤務したりしたが、注目されるのは、ハリスが帰国後、二度目の領事館勤めを一年足らずで離職した翌年、元治元（一八六四）年六月、日本最初の民間新聞「海外新聞」を創刊した事実だろう。諸説あるが、同新聞は、イギリス船が入港のたびに得た外国新聞を岸田吟香の協力により日本語に翻訳したもので、当初「新聞誌」と称する手書き新聞だったが、翌年五月、改題とともに木版印刷になった。月二回、約百部を印刷、慶応二（一八六六）年八月、二十四号まで続いた。慶応四（一八六八）年八月、十八年ぶりの帰郷を果たし、明治三十（一八九七）年十二月、東京で死去した。満六十歳だった。アメリカの市民権を得ていたため青山の外国人墓地に葬られた。

開港延期を求めた遣欧使節団

◆初渡欧の使節団

アメリカからペリーが来航して以来、幕府は鎖国を放棄して慌ただしく開国に転じる。日米和親条約、日米修好通商条約とアメリカのペースで条約を締結していったものの、朝廷とのコンセンサスは取れておらず、いかにして「勅許」を得るかが幕府の懸案となっていた。

加えて、先に開港した箱館・横浜・長崎から厄介な問題が噴出した。予想をはるかに超える「物価の高騰」である。この結果「事態の元凶が外国人にある」として攘夷の風が吹き荒れた。にもかかわらず、次なる開港・開市が迫っていた。

「このまま規定通り兵庫と新潟の開港と江戸・大坂を開市すれば大混乱に陥る」と、幕府はたまらず延期を決意する。とは言っても、一方的な延期宣言で事は済まないご時世は十分承知していた。

そこで、交渉団を条約締結国に派遣して「五年延期」を認めてもらおうという大胆な案での打開を図ろうとした。幕府使節が正式に外国に渡るのは、安政七（一八六〇）年十一月、新見《しんみ》正興《まさおき》・外国奉行兼神奈川奉行ら七十六人が米艦「ポーハタン号」に乗り、幕府の随行艦「咸臨丸」には艦長勝海舟（軍艦操練所教授・頭取）ら九十六人と米国軍人ら十一人が同乗して太平洋を越えてアメリカに向かった先例があるとはいえ、今度は初の欧州への使節団派遣によくぞ踏み切ったものである。

逆に言えば、そこまで事態は緊迫し「条約通りの開港・開市は絶対不可能」との確信からの決意と見られる。交渉団は「文久遣欧使節」と呼ばれる。幕府がオランダ、フランス、イギリス、プロイセン（後のドイツ）、ポルトガルとの修好通商条約で交わされた二港・二都市の開港・開市の延期交渉を主たる任務としたが、ロシアとの樺太（サハリン）国境画定交渉と広く西洋事情の視察も加えられた。

正使は竹内保徳（外国奉行兼勘定奉行）、副使は松平康直（後の康英、外国奉行兼神奈

文久遣欧使節団の写真などを収めた革製アルバム。
写真の人物は京極高朗（朝来市教育委員会所蔵）

川奉行）、監察使は、豊岡藩主の分家で旗本の京極高朗《たかあき》（目付）だが、他のメンバーもそうそうたる顔ぶれが並ぶ。後に兵庫奉行となる柴田剛中《たけなか》（組頭）、後の東京日日（毎日の前身）新聞主筆・政治評論家・福地源一郎（桜痴）、慶応義塾の創立者・福沢諭吉、外交官として活躍する松木弘安（弘庵、後の寺島宗則）、高等師範の基礎を築く箕作《みつくり》秋坪《しゅうへい》らも含めた総勢三十六人で、さらに後日、通訳（蘭語・英語）の森山栄之助と渕辺徳蔵も加わった。

◆交渉失敗からのスタート

しかし、考えてみれば、日本の開国を悲願とした列強側は、一日でも早い実現を望んでいたはずで、それが五年もの延期をそもそも外国が認める目処など果たしてあったのかが疑問である。全く脈のない相手に遮二無二向かっていくのは、はなはだ無謀とも思われただろう。

幕府の決意から使節団の出発までの流れをたどると、やはり「光明」が見えたからこその派遣であった事実が見えてくる。そのキーマンは、オールコック駐日イギリス公使とベルクール駐日フランス公使であった。二人は、先の遣米使節を見て、幕府とそれぞれの本国政府に対して熱意を持った働き掛けをしており、それが奏功し、渡欧が実現したのである。オールコックは当初「条約の目的に反する」と開港延期交渉に反対したが、幕府の苦境を知るにつれて、当初期日の実行がいかに難しいかを悟り、渡欧支援に回った。そればかりか、自身の休暇帰国をわざわざ一行の日程と合わせ、現地での交渉に力を尽くす約束もしたのである。

文久元年十二月二十二日（一八六二年一月二十一日）、一行は英国海軍の蒸気フリゲート艦「オーディン号」に乗り込み、品川港を出発した。長崎からは日本を離れ、いずれも当時、イギリス領だった香港、シンガポール、セイロン（現スリランカ）、南イエメン（現イエメン）を経てエジプト・スエズにいったん上陸。鉄道に乗り換え、カイロからアレクサンドリアに出て、再び船で地中海を渡り、イギリス領マルタ（現マルタ共和国）からフランスのマルセイユに入った。文久二年三月七日にはパリに着き、フランス当局を相手にいよいよ初めての交渉に臨んだが、どうしても「開港延期」の同意は得られなかった。

　翻意の気配がないと見て、いったん交渉を打ち切った一行は、フランスの貿易港カレーから英仏海峡を横断、四月二日、次の交渉国イギリスのロンドンに到着した。助っ人の駐日イギリス公使オールコックが休暇帰国するのを一日千秋の思いで待った。

　約束通りやって来たオールコックとともに十八日からロンドンでの交渉を開始。ついに五月九日、「開港・開市」を当初の一八六二年一月一日からまる五年延期する「ロンドン覚書」への調印にこぎ着けた。フランスとの交渉が決裂していただけに、不安も相当あったが、公使に加え、イギリスのラッセル外相も日本側に立ち、交渉全体を進めるのに力を発揮した。監察使の京極の自筆と思われる日記『欧羅巴《ヨーロッパ》行視聴実録』には、調印の前日と当日の朝、オールコックが使節団のもとを訪れて予備交渉をし、その後、使節団がイギリス外務省に赴き、調印していた事実が記されている。

◆成功の裏で

しかし、事は後に国の行く末を左右しかねない重大な外交に関わるため、「無条件の譲歩」は通常あり得ない。イギリス側もきっちり交換条件を付けてきた。修好通商条約で定められた「貿易品の数量と価格制限」が撤廃されたのに加え、「大名との交易を阻害しない」「交易に関わる身分を限定しない」との規定が新たに加えられ、違反した場合は「延期期間内であっても開港・開市が要求できる」とのクギも刺してきた。また「対馬（長崎県）の開港と酒税の引き下げ」を「検討課題」として要求してくるしたたかさを持っていた。何がなんでも「五年延期」を勝ち取りたい日本としては、背に腹は代えられず、これらを認めた。

イギリスに続き、オランダ、プロイセン・ベルリンと他国とも同様の覚書を締結した。その足でロシア・サンクトペテルブルクに入り、本題の開港・開市の延期は認められたものの「樺太国境画定」に関する交渉は合意に至らなかった。その復路、カウナス（現リトアニアの河港都市）から再度プロイセンとフランスを訪れ、当初失敗に終わった「パリ覚書」も締結し、十月九日、最後のポルトガルを訪れ、こちらもクリアし、辛うじて六カ国全ての調印を無事終えた。

帰路は英領ジブラルタルを経由、往路とほぼ同じ行路をたどり、文久二年十二月十一日（一八六三年一月三十日）、約一年間の旅を終え一行は帰国した。

◆一行が見聞きしたもの

使節団のもう一つのお役目「西洋事情の視察」も忘れるわけにはいかない。訪英した際、ロンドン万国博覧会が開かれており、一行は何度も会場を訪ねて熱心に見学した。何しろ長い鎖国のため日本人の姿そのものが非常に珍しく、行く先々で奇異な目で見られた。

一方で礼儀正しい振る舞いは感心された。万博会場の日本コーナーには、オールコックの収集品が展示され、万博史上初の日本の展示となり絶賛されたが、目の肥えた使節団からすると「骨董品のような雑具ばかりで粗物のみ」と嘆いたとされる。ちなみに、五年後のパリ万博には幕府と薩摩・佐賀の両藩が正式に参加、ゴッホらに影響を与え、ヨーロッパにジャポニズムの流行を生んだ。

一行が見たのはロンドン万博だけではない。西洋の先進的なあらゆる技術・知識・制度・文化を貪欲なまでに見聞していく。ロンドンでは、産業革命を経験したイギリスの鉄道・国会議事堂・バッキンガム宮殿・大英博物館・電信局・海軍工廠《こうしょう》・造船所・銃器工場などを訪れた。ただ皮肉にも、大砲の製作過程を視察した六年後、アームストロング砲を新政府軍からさんざん撃ち込まれ、幕府が戊辰《ぼしん》戦争で敗れることになろうとは誰も予想しなかったに違いない。

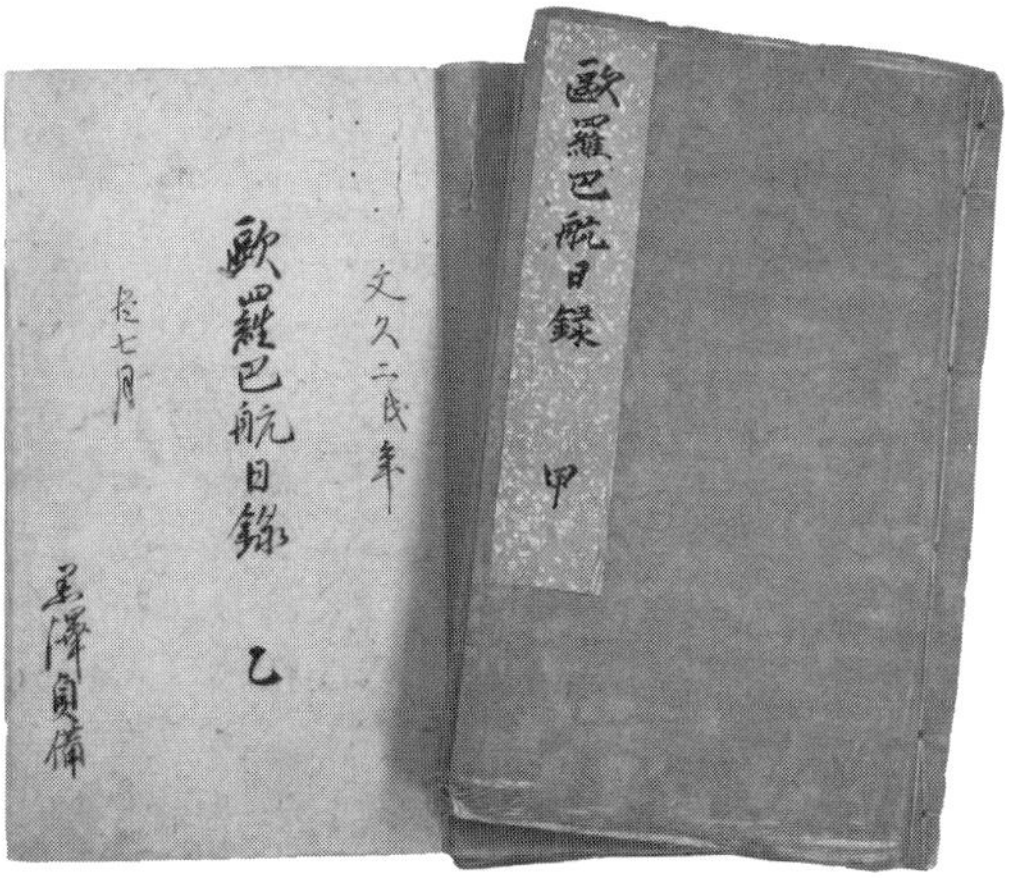

黒沢貞備が記した『欧羅巴航日録（甲乙）』
（朝来市教育委員会所蔵）

◆発見、二人の従者の記録

使節団には「従者」として参加した者が記録役を果たしていた事実が近年判明した。京極に付いた黒沢新左衛門貞備《さだよ》と岩崎豊太夫だ。黒沢は家臣で、知行所の支配を預かる代官の家柄。『欧羅巴航日録』甲乙（乙は副本）二冊と『欧羅巴航失費録』『西洋見聞備忘録』を残した。

黒沢新左衛門貞備
（朝来市教育委員会所蔵）

文久元（一八六一）年三月四日、主君京極高朗が欧州の派遣を命じられた記事から書き始め、帰国後の元治元（一八六四）年三月、高朗に支給された手当金精算の完了をもって筆を置いている。主君の動向や自らの任務のほか、航海の行程、日々の天候・気候・風俗、見聞を丁寧に記録しており、情報の精度も高いと思われる。

一例として、当時、イギリスは南北戦争を巡ってアメリカと対立していたため、シンガポール入港に際して緊張が走った様子をリアルに記している。使節団が乗るイギリス艦は灯火を消し、大砲に弾薬を込めてアメリカ船との遭遇に備えていた――と。黒沢は、このほか旅行中、家族へ手紙なども残しており、関係資料は、遺欧使節団の動向だけでなく、幕末の旗本家臣の暮らしぶりを伝える重要な資料であることから、平成二十六（二〇一四）年四月、一式が朝来市文化財に指定された。

もう一人の岩崎は、高朗直属の家来ではなく、本家に当たる豊岡藩主京極家の家臣。当時、三十五歳だった以外の情報に乏しいが、残された書簡によると、生野事変の鎮圧に出陣したり、生野銀山の調査に訪れた幕府巡見使と議論したり、横浜鎖港談判使節派遣が持つ問題点に触れるなど、幅広い視点から時局を展望できるほどのインテリぶりが知れる。

その岩崎が江戸に残る京極家祐筆永坂昇太夫らにあてた書簡に、品川出航から長崎に至る船中の様子を伝える。「香港に直行する予定が、石炭の品質が良くなかったため長崎で積み込む」との旨を書いているほか、欧州への渡航に当たっては、二年前に遣米使節の監察使を務めた小栗忠順らから情報を集めていた事実も分かった。小栗は、勝海舟が一時、失脚した後、神戸海軍操練所の責任者を継いだ人物として神戸にもゆかりがある。

モテ男 桂小五郎、但馬に潜伏

◆池田屋で命拾い

現在の京都市中京区三条通河原町の旅館に集結した尊王攘夷派を新選組が急襲した「池田屋事件」（元治元〈一八六四〉年六月）では長州藩士ら多数が亡くなったが、運良く難を逃れた大物がいた。桂小五郎、後の木戸孝允《たかよし》である。桂は、長州・萩の医師和田昌景の息子で、七歳の頃、向かいに住む桂九郎兵衛孝古の末期《まつご》養子となったが、間もなく養父が病没、翌年には養母も亡くなり、すぐ元の和田家に戻った。三十二歳で木戸に改姓したため、正式な名字だけでも三つある上、名も貫治、潤一郎など、雅号として松菊のほか木圭、猫堂、鬼怒、広寒……それに幕府の指名手配から逃れるため新堀松輔、広戸（広江）孝助など十指に余る偽名が加わるため紛らわしい。

池田屋事件当時、桂は京都で国事に奔走していた。当然、池田屋にも出向いた。しかし着いた時間がいささか早過ぎたため、河原町にあった行きつけの対馬《つしま》藩邸で碁打ちに興じるあまり時のたつのを忘れ、気付いた頃には池田屋が新選組に襲撃されていたのである。何とも間の抜けた行動が逆に命拾いとなったのだから、人の命運は分からない。

事件を知った桂は、しばらく京都で身を潜めたものの、朝敵となってしまった長州者に対する幕府の残党狩りが厳しく、ついに京からの脱出を決意した。

桂小五郎（木戸孝允）、明治２（1869）年撮影＊

◆「逃げの小五郎」

桂は、対馬藩邸に出入りしていた但馬国出石《いずし》（現豊岡市出石町）の商人広戸甚助の勧めで出石を目指した。山陰道を福知山へと抜け、やがて但馬に入ると久畑《くばた》（現豊岡市但東町、国道四二六号沿線)に関所がある。行動を共にしていた甚助は出石の顔役で関所役人とも旧知だったのが助かった。桂を「持ち船の船頭で名は卯左衛門」と言いくるめて無事通過。約百二十キロの道のりを四日で踏破し、七月二十七日、出石城下に入った。甚助と弟直蔵の支援を受けて潜伏生活が始まる。

広戸兄弟の旦那寺昌念寺を皮切りに、現在の養父《やぶ》市養父市場の西念寺《さいねんじ》から同じ村の後家宅へと、幕府の追っ手が迫るたびに潜伏先を次々と変え、計七カ所を渡り歩いたという。しかし、桂には逃亡者にありがちなおびえは不思議なほどない。常に地元に溶け込む努力によって不審な気配を薄めるという、策士らしい大胆な行動が注目される。滞在が五カ月ほどになった頃には、広戸兄弟の名をもじった「広江孝助」と名乗り、荒物商の町人に変身していた。このとき、兄弟の妹で十三歳だった八重(スミとも)が身の回りの世話をしつつ表向き妻を装った。

◆幾松と〝新婚旅行〟

一方、芸者の幾松(後に桂の妻となる木戸松子)の消息はどうなのか。はっきりした時期は不明ながら、少しさかのぼって整理する。物乞いに身をやつして京都に潜伏中、夜陰に紛れ橋の下に隠れる桂に握り飯を運んだり、現上京区中之町の吉田屋で新選組の近藤勇《いさみ》らに襲われた際、幾松の機転で桂を対馬藩邸に逃がしたりと献身的な活躍をしたものの、吉田屋事件後、幾松の消息を桂は知らなかった。ある日、甚助から「対馬藩邸の者に助けられ、無事、領国に避難している」と告げられた。

やがて甚助が対馬に向かい、幾松を伴って出石に帰って来た。時に元治二（一八六五）年二月。幾松は「奇兵隊が立ち上がり、長州の劣勢を跳ね返しつつある」との最新情報ももたらした。また異説では、桂の行方を知らない幾松が、手掛かりを求めて西下する途中、甚助から出石潜伏を知り、その頃、桂の居所を突き止めた伊藤俊輔（博文）らが、桂に帰国を懇願する手紙を書いて幾松へと託した――とし、桂と幾松の再会は同年三月だったとする。

説により二人の再会した時期はずれるものの、いずれにしても出石に潜伏していた桂は、慶応と改元された四月八日、幾松を連れ、古里長州行きを決意する。現在の但東町大河内《おおごうち》から登尾《のぼりお》峠を越えて、小野原（現京都府福知山市上佐々木）へ、そして大坂を経て二十六日には馬関《ばかん》（下関）に着いているが、大坂であわや捕まりそうになったところを広戸兄弟に助けられたりして、すんなり行けたわけではなかった。

その大坂からは船で讃岐・金毘羅《こんぴら》大権現（現香川県琴平町の金刀比羅宮《ことひら》）に参拝してから馬関に向かったらしく、「本邦新婚旅行第一号」とされる坂本龍馬とお龍の九州二人旅〈慶応二〈一八六六〉年三月〉より十一カ月も早く、先駆けは桂・幾松コンビとするべきかもしれない。ただし、この時点では、まだ正式な夫婦の契りは結ばれてはいなかったようで、道中、広戸兄弟の影もちらつくため、新婚旅行と称するには無理があろうか。

◆但馬気質を見抜いた？

一説に桂最後の潜伏先ともされる城崎での暮らしは、どんな様子だったのだろう。ここでも、宿「松本屋」の女将の娘たきが、かいがいしく世話をしたと語り伝えられており、モテぶりがうかがえるが、桂がなぜこの宿を選んだのか不思議である。というのは、ことあろうに目の前に代官所陣屋が控えている、危険極まりない立地だからだ。松本屋は維新後も存続したが、大正十四（一九二五）年五月の北但大震災で被災、後に再建され、現屋号の「つたや」に変わった。それでも桂の記憶を忘れない。幕末と同じ間取りで「桂の間」を新たに造り、遺墨などゆかりの品々を多数展示している。

そんな桂の影を追い昭和三十八（一九六三）年、作家司馬遼太郎も訪ねた。しばらく滞在し、『竜馬がゆく』の「希望」の章を書く。宿を去るときに残した随筆「我が城崎」（未発表）の末尾が興味深い。「桂は後にこそ木戸公爵（正しくは、桂の没後、養嗣子の木戸正二郎が侯爵に列した）になったが、当時は朝敵である。幕府のおたずね者の長州人であった。しかも彼をかばった何人かの但馬人、つまり出石の小商人や城崎の湯宿の母娘などは、彼がどこの馬の骨とも知らない。そういうものを命がけでかくまうという土地の人情の不思議さを、私は知りたかった」と司馬は書き残した。

桂が但馬で最後に潜伏したとされる城崎

桂が出石を潜伏先に選んだ直接の理由は、対馬藩

生野義挙趾の碑

に出入りする商人広戸兄弟の勧めと手引きではあったが、別に「桂自身の目算」がなかったのか——という疑問に対する答えを求めての来訪だった。司馬は、幕末までの但馬の歴史を振り返ると、やはり思い当たる節があった。仙石騒動（天保六〈一八三五〉年裁定）によって出石藩は二万八千石を減じられたし、桂が出石入りする前年には尊王攘夷派による義挙「生野の変」などが勃発した事実に接すると、反幕府派にも理解がある土壌を感じ取ったに違いない。事実、桂自身も龍馬への手紙で義挙に触れ、「但馬は尊王派が多い」と記している。司馬はまた小説『逃げの小五郎』に、外様の出石藩は「（桂の）探索にはあまり熱意を示さなかった」と書き、出石と城崎での取材成果を結実させている。

兵庫に目を付けていた薩摩

◆湊川神社創建を薩摩が提案

「楠公さん」あるいは「なんこはん」と親しみを込めて呼ばれる湊川神社（神戸市中央区多聞通）の歴史は意外に新しい。今はない旧社格「別格官幣社」に列し、正式な神社としての設立は維新後の明治五（一八七二）年五月のことである。

その少し前の幕末期、祭神である楠木正成が志士たちから熱烈な信仰を集めた結果が神社の創建に結実したのだが、それより八年前の文久四（一八六四）年二月九日、実は薩摩藩による「湊川神社創立建議」が朝廷に提出されていた事実は、あまり知られていない。

朝廷が同建議を受理し、幕府に建設準備を命じるところまで行きながら、この時点ではいったん頓挫した。折あしく「禁門の変」（元治元〈一八六四〉年七月）の勃発から長州征伐へと動乱が続いたため、神社創建どころではなくなったからである。

幕末に消えた計画が明治改元から四年後、再び持ち上がった。その原動力として、新政府内に健在だった薩摩の影響力があったことは、神社の創建翌年に就任した初代宮司の折田要蔵（後に年秀）が薩摩藩士で、二代目と四代目に短期間、職を譲った時期はあるものの、三代、五代と、実に四半世紀近くの長きにわたって宮司を務めた事実を見ても明らかだ。

◆楠木正成の評価

祭神正成については、『太平記』などの軍記物語でよく知られている。しかし、鎌倉幕府の打倒を目指す後醍醐天皇を助けるため挙兵する以前の姿が分かる、正成の確かな史料は極めて少なく、実は生地も生年もつまびらかではない。ただ、建武三・延元元（一三三六）年五月二十五日、現在の神戸市中央区から兵庫区にかけての「湊川の戦い」で衆寡敵せず自決したのは紛れもない事実である。江戸期の注釈書で「享年（数え）四十三」と類推したことから逆算して生年を「永仁二（一二九四）年?」と記されたりもする。

正成没後の評価は時代とともに変わってきた。長くひっそりと祭られてきた墓が文禄年間（一五九二〜九六）、太閤検地の際に確認され、江戸初期の一六四〇年代に尼崎藩主の青山幸利が松と梅を植えて塚印と五輪塔も建立、徳川光圀《みつくに》が『大日本史』編纂《へんさん》に際し、南北朝の歴史を調べた結果、改めて正成の功績に感動し、元禄五（一六九二）年、自筆の「嗚呼《ああ》忠臣楠子《ちゅうしんなんし》之墓」碑を建てた。さらに百二十年を経た文化十（一八一三）年には地元の庄屋が周辺の土地を寄付し、墓域は一二五〇平方メートル《メートル》に拡大した。『摂津名所図会』（一七九六〜九八年）にも掲載され、広く知られるようになっていた。

『絵本太平記』などの大衆読み物の普及によって、江戸期には正成は物語の主役級に上った。しかし、考えてみれば正成が誓った主君はあくまで天皇であり、その天皇は当時の鎌倉幕府を倒そうとしていた事実は変えようもない。江戸幕府の徳川将軍からすれば、いかに五百年以上昔の話とはいえ、当時、討幕にくみした人物を喜んで顕彰する気にはなれないはず。時あたかも幕末がカウントダウンの段階に入り、尊王攘夷から討幕へと向かいかねない雲行きの頃。幕府、朝廷、雄藩は、どのように動いたのだろう。

現在の湊川神社

◆幻となった「雄藩連合政権」

文久三（一八六三）年、会津・薩摩の両藩中心の公武合体派が、長州藩を中心とする尊攘派を京都から追放した「八月十八日の政変」の後、有力大名の英知を集めて合議制で国難を乗り切ろうと「参与会議」が設置された。島津久光（薩摩藩主忠義の父）、松平慶永《よしなが》（春岳＝前越前藩主）、伊達宗城《むねなり》（前宇和島藩主）、一橋慶《よし》喜《のぶ》（水戸藩主徳川斉昭《なりあき》の子、将軍後見職、後に十五代将軍）、山内豊信《とよしげ》（容堂＝前土佐藩主）と京都守護職松平容保《かたもり》（会津藩主）を朝議参与に任命、翌年二月から幕政にも参画させた。京都の朝廷と二条城で交互に開く会議で国政を協議して天皇に意見を申し上げる実質「雄藩連合政権」で、当時考え得る理想的な統治システムのように思われた。

しかし、各メンバーの思惑は明らかに違っていた。幕府を江戸初期の家康・家光時代のように絶対的権威ある体制にしようと企てる老中筆頭（後に大老）酒井忠績《ただしげ》（姫路藩主）ら江戸の閣老らは、外様大名の参政に拒否反応を示し、事あるごとに足を引っ張る上、公家らも外様の参政に反対、各藩の利害も異なるため機能不全のまま〝小田原評定《ひょうじょう》〟を繰り返した。中でも次期将軍を意識していた一橋慶喜が会議を牛耳ろうとするあまり、島津と真っ向から対立するに及び、結局、全員が辞任、わずか三カ月で参与会議は空中分解した。

創建後しばらくしてからの楠木正成墓所（湊川神社内）

◆一橋VS島津

一橋と島津の溝を決定的に深めたのが、薩摩が出した「湊川神社創立建議」と「摂海（大阪湾）防衛に関する意見書」である。島津はまず同建議を縁戚の近衛家を通じる宮廷ルートで直接、朝廷に差し出した。島津家は、鎌倉前期に家祖の忠久が薩摩にあった近衛家の荘園の惣《そう》

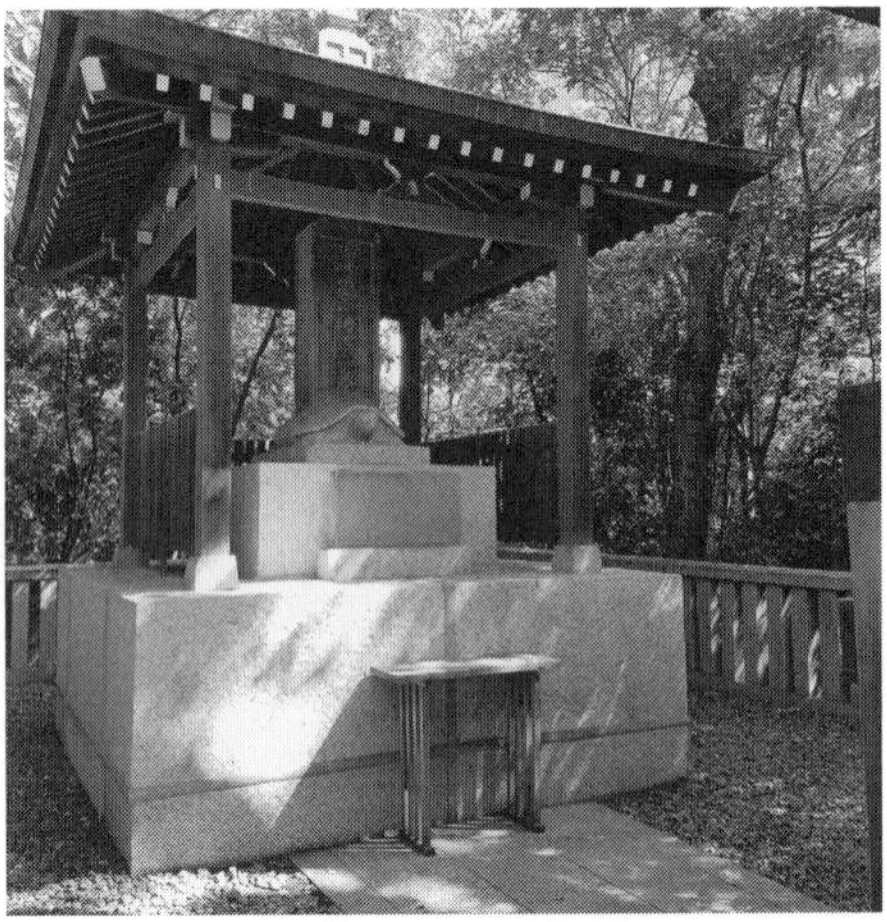
現在の楠木正成墓所

領《りょう》地頭になって以来、深い関係があった。神社創建に当たっては、近年、外国軍艦がしばしば渡来し、国家多難の容易ならぬ形勢のため、湊川に神社を建て護良《もりよし》（護良《もりなが》とも）親王、楠木正成、北畠親房ら勤王に尽くし国難に殉じた人たちの忠魂を祭り、「護国討夷」の大願を固めたい。ぜひ島津に神社建立の申し付けを――との旨だったが、朝廷はこれを即日受理し、幕府に事後処理を命じた。

なぜこのタイミングで薩摩藩がいきなり神社建立に熱を入れたのか。参与会議の主導権争いの一環だったと言われる。前のめりに事を進める一橋や、島津の足を引っ張る幕閣に薩摩が痛烈な反撃に出たのが真相のようだ。加えて、薩摩がいざ入京という有事の際には、陸海の交通の要衝兵庫津に近い湊川に大規模な神社があれば、屯営や宿所にもってこいである。

こうした薩摩の思惑を幕府が感じないはずはない。姫路藩主の酒井ら老中に薩摩の振舞いは幕府への反逆と映ったため建立阻止へと動いたが、遅かりし。こうなれば、先回りして逆に幕府の手で神社を建ててしまえば、せめて薩摩の功名を止められると、急遽作戦を変更した。直ちに酒井は大坂城代に命じて大坂から兵庫にかけての楠公遺跡を調べさせた。その結果は不明だが、幕府要人による必死の調査にもかかわらず、朝廷からの督促が厳しく、観念した酒井は建議受理からわずか二カ月後の元治元（一八六四）年四月七日、大坂城代に「湊川付近の適地を調べて島津久光に交付するよう」命じている。話はとんとん拍子に進んだ直後の十八日、島津はあたふたと薩摩に帰ってしまった。まるで湊川神社創建建議などなかったかのように。幕府にとっては悩みの種が一つ消え、ほっとしたのは事実だが、薩摩への不信感は以後、一層強まった。

しかし、せっかく有事に威力を発揮すると思われる大規模神社が建立へと滑り出した矢先に、なぜ島津の関心が一気に薄れたのだろうか。考えてみれば、不思議である。真相は本人でなければ分からないが、当時の中央政界の情勢から次のように推論できる。久光自らの建議によって薩摩藩の意向を体現した参与会議が成立し、公武合体論を進めようとしたにもかかわらず結局かなわなかった。湊川神社建立建議は、同会議で薩摩に異議を唱える幕閣らへの〝牽制球〟としての比重が大きく、有事うんぬんは付録だったと考えざるを得ない。同会議の頓挫は、いわば試合がノーゲームとなったのも同然で、もはや牽制球の意味はない。明治新時代になって改めて湊川神社建立への機運が高まるが、幕末の建議とは全く意義を異にする。

兵庫開港に悩んだ徳川慶喜

◆三十年早く生まれていれば

幕末日本が欧米列強の圧力に抗し切れず、開港・開市せざるを得なくなってもスムーズにはいかなかった様子は、既に述べた通りである。日米和親条約の四年後に締結された日米修好通商条約で約束し、間に合わないと確信した結果、わざわざイギリスに特使を派遣して「五年延期」を認める「ロンドン覚書」を交わしたにもかかわらず、箱館（函館）・横浜・長崎の三港開港後の兵庫と新潟の開港がどうにも前に進まなくなっていたのだ。

列強の脅しにも似た圧力は、日増しに強くなり、すぐにでも対応をしたい幕府に対し、三港に加えた兵庫の開港どころか、通商条約そのものの勅許も出さない朝廷、特に外国嫌いの孝明天皇は、全く聞く耳を持たない。こんな膠着《こうちゃく》状況を禁裏守衛総督となった一橋慶喜（後の第十五代将軍）は、どのように乗り切ったのだろうか。

結果的には、最大の抵抗勢力だった、孝明天皇が突然崩御したため、兵庫開港予定日の半年前に滑り込みセーフとなるのだが、これはあくまでも結果論である。欧米列強から矢の催促をかわしつつ勅許に向かってさまざまな考えを巡らす慶喜の努力は涙ぐましい。生まれた時代が悪かったと言えばそれまでだが、せめてあと三十年早ければ、頭脳明晰《めいせき》な名将軍として後世に名を残したかもしれない。慶喜が将軍に就任する頃からの苦悶の日々を振り返りたい。

◆条約に揺れる幕府

慶喜の晩年、明治四十（一九〇七）年から大正二（一九一三）年にかけて、渋沢栄一の求めに応じて語った回顧談『昔夢会筆記《せきむかいひっき》』によると、「生涯のうちに死を決したことが三度ある」と言う。「長州藩が暴発したとき、条約勅許を奏請したとき、官軍が江戸に討ち入ってきたとき」の三度である。

開港の前提となる「条約」が勅許されたのは慶応元（一八六五）年十月、十四代将軍家茂が兵庫開港と併せて奏請、このとき自らの将軍職の辞表を関白に提出していた事実を知れば、まさに背水の陣であったことが分かるが、天皇は「条約は勅許するが、兵庫開港は不許可」の中途半端な勅書を出した。家茂が進退をかけたのは、列強の圧力がもはやごまかしが利かないほど切迫していたからである。

九月十六日、イギリス公使パークス、フランス公使ロッシュ、オランダ総領事ポルスブルック、アメリカ代理公使ポートマンらのお歴々を乗せた各国軍艦九隻が幕府と直接交渉するため兵庫沖に来航していた。幕府は抗し切れず、やむなく外国艦隊乗組員の兵庫上陸まで許した。この四国連合艦隊は、大坂城に通訳を送って交渉開始を要求。応じなければ、京都の朝廷と直接交渉も辞さない雲行きだった。

こうした外国と朝廷との板挟みの中での「条約勅許、兵庫開港不許可」となったわけだが、老中・本庄宗秀（宮津藩主）は兵庫沖の外国公使らに勅書を示し「条約勅許」を伝えたのは当然ながら「兵庫開港不許可」については、開港の見通しが立っていないにもかかわらず「期限実行」と前向きな発言をせざるを得なかった。

ペリーが来航し、時は幕末となると、外交問題に関して経験も自信もない幕府は、朝廷を巻き込み、天皇の「勅許」を得ることで決断に対するお墨付きとしてきたが、この行為は法令に定められてはいない。あくまで、幕府の一存ではなく朝廷を含めた「総意＝共同責任」と位置付けることで、徳川将軍を頂点とする幕閣の責任を薄める効果も狙っていた。特に基準が決まっているわけではないため、老中ら幕府首脳陣の間でも「何に勅許が必要か」について考えは揺れていた。条約に対しての勅許の必要性に誰も異論はない。しかし、その条約の規定に含まれる項目の一つである「開港」に関しては意見が分かれた。

老中阿部正外《まさと》（白河藩主）ら大坂城にいた幕閣は「勅許なく兵庫を開港する」と決定していたが、慶喜は猛反対した。理由は「鳴りを潜めている攘夷派が再び息を吹き返す」懸念だった。この発言で在坂幕閣の決定が覆り、「将軍家茂が上洛して兵庫開港に勅許を得られるよう努める」と変更された。慶喜は京都で待機したが、将軍家茂は来ない。慶喜の独断専行を快く思わない在坂幕閣らが妨害していたのだ。

将軍を巡る両者の綱引きは、駆け引きにたけた慶喜の有利に進む。慶喜は「阿部と松前崇広《たかひろ》（松前藩主）の老中が勅許の奏請もせず兵庫を開港しようとしている」と公家らに吹き込む。これに即応した朝廷は、二人の官位を剥奪の上、「国元で謹慎させよ」との勅命を下した。こうして、将軍家茂による条約と兵庫開港の勅許の奏請への運びとなった。この時点で家茂は辞職も表明しているため、次期将軍の座が慶喜に転がり込むのは確実になったばかりか、朝廷の信頼を後ろ盾に幕閣や諸大名へのにらみを利かす存在ともなった。慶喜という策士が表舞台に登場することによって一時的にせよ、幕府の延命につながった。

辞任の表明から九カ月後、家茂は第二次長州征伐に出陣中、大坂城で病死した。十三代将軍家定の後継を巡っての対立を経て、井伊直弼らに担がれて将軍になったが、在位八年、享年弱冠二十だった。

明治後期〜大正期、行き交う船でにぎわう兵庫港。右手奥が川崎造船所

◆休戦交渉役は勝海舟

慶応二（一八六六）年十二月、晴れて将軍になった慶喜だったが、課題は山積している。まず長州との停戦で

ある。休戦交渉役に白羽の矢が立ったのは、勝海舟だった。慶喜には気に入らない勝だが、背に腹は代えられない。半年ほどで罷免されはしたものの、当時最も必要とされた教育を神戸海軍操練所で薩摩や長州をはじめ諸藩士に施した功績は残っている。幕府が攻めあぐんだ長州を相手に渡り合える人物はほかに見当たらない。勝は勅命により、交渉の地宮島に赴いた。ただし、慶喜がまだ決意してはいない「大政奉還もあり得る」との条件を引っ提げて。

勝のおかげで長州との停戦は実現した。しかし、まだ慶喜には大政奉還の意思はない。それでも心境は「再び将軍の独裁体制を樹立、将軍が雄藩大名による会議を招集し、兵庫開

今は静かな兵庫港。左手奥が川崎重工

港の勅許を得る」ことに収れんしてきた。そこへ慶応二（一八六六）年十二月、孝明天皇が崩御した。将軍家茂の死からわずか五カ月後の相次ぐ日本を支える二つの大黒柱の喪失に国全体が揺らいだ。政治力学的には、家茂を失って慶喜が権力の座に就き、孝明帝の崩

御によって慶喜の好敵手として岩倉具視《ともみ》が復活、同時に近衛家を介して朝廷に縁を持つ薩摩が躍進する土壌が整った事実を意味する。

以後、兵庫開港を巡っての駆け引きが複雑になった。自らの手で勅許を引き出し外国の評価を高めたい慶喜に対して、薩摩などは雄藩大名連合が主体となって勅許を獲得し、慶喜と幕府を追い込みたい。両者の思惑が真っ向対立し、政治闘争と化していった。

西郷隆盛とアーネスト・サトウ、兵庫で会談

◆波瀾に富んだ生涯

幕末・維新の元勲西郷隆盛の生涯を振り返ると、挫折と立ち直りの繰り返しの多さに驚く。これほど「波瀾万丈」と形容するにふさわしい人物も珍しい。その生きざまは、多数の小説や映画、ドラマに描かれ、平成三十（二〇一八）年にはＮＨＫ大河ドラマ『西郷《せ》ど《ご》ん』で好評を博したのは、その証しだろう。

本格的な活躍は三十六歳からだが、西郷の人生は大きく四期に分けられる。「一期」は、嘉永七（一八五四）年に薩摩藩主島津斉彬《なりあきら》の庭方役に任じられてから斉彬没後、京の僧月照と入水自殺を図るまで。「二期」は、一時の赦免を含め奄美大島・徳之島・沖永良部島《おきのえらぶ》の三島での流刑時代。「三期」は、元治元（一八六四）年に全ての流刑が許され、西郷本

来の活躍が十二分にできた時期。そして最後の「四期」は、岩倉具視らの欧米使節団が日本を離れている間の「留守政府」を預かった後、「征韓論」が入れられずに下野し、鹿児島に帰郷してから西南戦争に敗れ、自害して果てるまでである。

西郷は、現鹿児島市の下加治屋町に薩摩藩小姓《こしょう》組の西郷吉兵衛の長男として生まれる。幼名の小吉を経て隆永、隆盛、吉兵衛、吉之助などと称し、南洲と号した。嘉永七（一八五四）年、藩主島津斉彬の庭方役に抜擢されて「一期」は始まる。江戸で条約問題や一橋慶喜を将軍擁立する運動に動いたが、大老井伊直弼の登場でいったん一橋派の灯は消えた。それも束の間、安政五（一八五八）年七月には斉彬が鹿児島で病没したため絶望して同年十一月、錦江湾に京都・清水寺成就院の僧月照と投身。西郷だけ生き延び、奄美大島に流されてからは「二期」となる。

なぜ西郷が僧侶と投身するのかには説明が要る。月照は住職の傍ら尊攘派の公家と関係を持ち、慶喜を将軍に担ごうとする、いわゆる一橋派にくみしており、西郷とは同志だった。逆に井伊大老からは西郷・月照とも危険人物とみなされていた。安政五（一八五八）年九月から始まった「安政の大獄」で追われる身となり、二人は京都を脱出して何とか薩

西郷隆盛＊

摩に逃れたが、藩では月照の保護を拒否、日向《ひゅうが》国送りとし、薩摩との国境で月照を斬り捨てる算段だった。月照も死を覚悟し、どうせ命を落とすならと西郷と海へ身を投げて自殺を図ったのだった。

助かった西郷は安政六（一八五九）年一月、奄美大島への遠島に処され、三年後の文久二（一八六二）年二月に一時的に召還され、斉彬を継いで藩主となった島津忠義の父久光が企てた朝廷と幕府の橋渡しに働くが、久光の「下関待機命令」に従わず、折からの不穏な気配を感じ取り、京都に向かったかどで失脚、今度は徳之島を経て沖永良部島に監禁された。

奄美大島に流罪された時点からすると五年後の元治元（一八六四）年二月に再び赦免され、久光に拝謁、軍賦役兼諸藩応接係を命じられたのが「三期」の始まりで、三十六歳になっていた。ようやくここから西郷の本領を発揮する。以後、東征大総督府参謀の要職で慶応四（一八六八）年三月、勝海舟との会談により翌月「江戸無血開城」に成功するまで、三十代後半の実質四年余りが絶頂期で、明治政府発足後も何度かの浮沈を経て、結局は、明治六（一八七三）年十一月の帰郷を期に最後の「四期」に入り、不平士族に担がれ西南戦争の果て、四十九歳で自決する、まさに壮絶な生涯を送ることになる。

◆薩摩と長州

その西郷が「三期」の絶頂期に向かう頃。元治元（一八六四）年から維新に活躍する重要人物に次々と相まみえる。九月、幕府軍艦奉行で神戸海軍操練所を統括していた勝海舟に初めて会い、すっかりほれ込んでしまうのは、西郷らしい。同様に一目ぼれした坂本龍馬の例を合わせると、勝がいかに人を引き付ける魅力の持ち主だったかを再認識させられる。

時は「禁門の変」の後、第一次長州征伐で「尊王攘夷派恐れるに足らず」と安心している幕府要人に対する、いさめにも似た勝の話に西郷は、いたく感心した。「幕閣は再び旧習を強要するなど、復古主義を取ろうとしている。危険である。意見を具申しても疑われるだけで手のつけようがない」。勝の言葉を裏付けるように西郷と会った翌月、勝は軍艦奉行を罷免され、操練所からも離れる運命にあるが、この時はまだ知る由もない。

坂本龍馬といい西郷隆盛といい、幕末・維新期の代表的傑物を瞬時にして引き付ける勝の魅力とは何なのだろうか。端的に言えば「世界情勢を熟知し、目指すべき日本の方向性を見極めていた先見性」に尽きよう。確かに勝は、ペリー来航時には既に一流の蘭学兵術家だったし、後の長崎海軍伝習所ではオランダ人直伝の実技も習得、加えて咸臨丸の実質、艦長としての渡米により、当時の日本では最先端の知識人ではあった。勝の場合、単なる頭の中に仕舞い込まれた教養に終わらず、体からほとばしる熱気のような語りが、聞く者を魅了した。欧米の植民地化が進みつつあった、激動する東アジア情勢にあって、国論を分ける尊王・佐幕・攘夷・開国・薩長・幕長・討幕などを巡る内輪の対立が、いかに小さいことで、うかうかしておれば、日本が清国の二の舞いになる恐れもある。小異を捨て大同に就かねばならない――。そんな熱弁に坂本も西郷もすっかり魂を抜かれたはずである。

勝は会談によって、西郷の心境の変化に「わが意を得たり」の思いを抱く。西郷は、薩摩藩の発言力強化だけを考えていた。幕府との協力は恩を売るとともにライバルの長州の勢力をたたくためであったが、反幕府勢力を圧倒すれば、幕府の勢いが盛り返し、いずれは薩摩藩にも災いが降りかかってくるかもしれない。だから、長州にはお灸を据えるぐらいにとどめていた方が得策だ——と。勝の話から幕府の惨状を見て取ったのだった。西郷の予想通り第一次長征は大した効果もなく終わった。

幕府軍のもたつきでホッと一息ついた長州に今度は、海外列強が襲い掛かった。元治元（一八六四）年八月の四国連合艦隊の下関砲撃事件だ。諸外国の対日外交をリードしていたイギリス公使オールコックが「攘夷の難しさを見せてやろう」とアメリカ、フランス、オランダに呼び掛けて実行した。戦闘は四日間だったが、十七隻の軍艦に大砲二百八十八門、兵員五千人余りを動員した連合艦隊は、長州側の砲台をあっという間に破壊して制圧。海兵隊が上陸して大砲六十門を押収する早業を見せた。長州側の惨敗だった。

孤立無援に追い込まれた長州の苦境は、これでは終わらない。前年、薩摩藩がイギリスと戦った後と似た状況が長州にも訪れる。薩摩は薩英戦争後「攘夷は無理」と悟り、逆にイギリスに急接近して、最新の洋式武器で力を付けた。これと同様、長州も薩摩に倣い、ひそかに武装改革に努め始めた。一時は犬猿の仲だった薩長を取り持つ立役者となったのが、第一次長征の終盤から長州をかばう立場に変わっていた薩摩の西郷と、「池田屋事件」から危うく免れ、出石に身を潜めていた長州の桂小五郎だった。

桂は長州に帰国後、理論と冷静な判断力を買われ、藩の用談役（参謀）に登用されていた。西郷から「強力な舶来兵器を斡旋《あっせん》しよう」との誘いに当初、半信半疑だった桂は「薩摩名義で買い、薩摩船で輸送して提供する」提案に乗った。長崎に今も残る邸宅で知られる、イギリス人貿易商グラバーらが薩長盟約結成に暗躍しつつ、もちろん本職では、目ざとくアメリカの動静に注目する。時あたかも南北戦争（一八六一〜六五年）の終結でダブつき始めた武器を買いたたき、絶好のタイミングを逃す手はないとばかり、日本へ大量に持ち込んだ。

◆アーネスト・サトウと会談

欧米列強諸国は「条約勅許と兵庫開港」を求めて圧力を掛けてきた。慶応元（一八六五）年九月十六日、オールコックから引き継いだイギリス公使パークスをはじめフランス公使ロッシュ、オランダ総領事ポルスブルック、アメリカ代理公使ポートマンらを乗せた英・

仏・蘭の軍艦九隻が幕府との直接交渉のため兵庫沖に現れた。

その頃、将軍家茂、後見職一橋慶喜、老中ら幕閣の大半が京都と大坂にいることを知っていたからだ。翌日、幕府は外国艦隊の乗組員の兵庫上陸を許可、二十三日から「兵庫沖会談」が始まった。パークスらは、具体的な三項目の要求を用意していた。一に「条約の勅許」、二に「兵庫の開港をロンドン覚書より二年早め、同年の十一月十五日（一八六六年一月一日）にする」、三に「日本が輸入品に掛ける関税の一律五パーセント軽減」である。これを幕府が実現すれば、下関問題の賠償金三百万ドル（現在の約三百億円）を免除するという大胆な提案だった。

こうした列強の動きを西郷も薩摩の諜報《ちょうほう》機関から十七日早朝には耳に入っていた。その頃、薩摩藩の世話になっていた坂本龍馬を偵察に送るなどして得た情報を、京都にいる大久保利通に書簡で報告した。薩摩の若手牽引《けんいん》役となっていた西郷と大久保は、一度は会津藩や幕府と組んで長州藩を袋だたきにしたものの、既に考えを改め、長州を助ける一方、薩摩を盟主として有力諸大名を集めて対外問題を処理し、幕府の貿易独占を阻止しようともくろんでいた。そのためには、幕府が対外問題をあっさり解決してもらっては困る。通商条約や兵庫開港の勅許も朝廷には頑固に抵抗してもらう方がよかった。

二人は、有力大名らを早く京都に招集しようとしていたところ、外国公使団が来航したため、動きに拍車を掛けた。薩摩は、イギリスなどには「われわれは貿易がしたいし、開国も望んでいる」と秋波を送る一方、幕府だけが認めようとしないよう見せかける。半面、幕府が開港しようとすれば「勅許無しとは何事か」と責め立てながら、その勅許を妨害し、幕府だけを悪者にする。幕府がお手上げとなれば、政権を大名連合会議に移す――。そんなシナリオを描いていた。

列強からの要求に答えを出しあぐねていた幕閣を尻目に、二十六日、西郷は龍馬を連れて薩摩船「胡蝶《こちょう》丸」に乗り、大坂を出航、兵庫に寄港したところ、イギリス公使の通訳アーネスト・サトウの訪問を受けた。このとき西郷は「島津左仲」と名乗り、ただ挨拶を交わす程度にサトウと知り合ったにすぎなかった。一年三カ月後、今度は幕府兵庫勤番所の南側にあった薩摩浜本陣「小豆屋」（現兵庫区中之島）で再会した際、重要問題について意見交換することになる。

列強の要求に対する回答日十月七日が来た。一橋慶喜の努力で「条約勅許」だけ何とか得られたが、これではどうにもならない。そこで、幕府側に立っていたフランス公使ロッシュの入れ知恵で〝色〟を付けることにした。明らかに「公文書偽造」だったが、背に腹は代えられないと踏んだ幕府代表の本荘宗秀（丹後・宮津藩主）が捏造《ねつぞう》した回答内容はこうだ。①通商条約の勅許は得た　②兵庫開港はロンドン覚書の期日に実施する予定だが、前倒しもあり得る。下関の賠償金は規定通り支払う　③関税率の低減は承知した。細かくは江戸で協議する――。こうした趣旨の回答書に、京都にいる二老中の花押を偽造の上、本荘分と併せて「三老中連署」とした。この苦し紛れの文書をでっち上げとは知らず、列強の代表全員が渋々ながら納得した時、既に八日の朝が白みかけていた。「兵庫沖外交」は十日、全ての外国艦船が去って、終わったが、本荘の一存で約束した

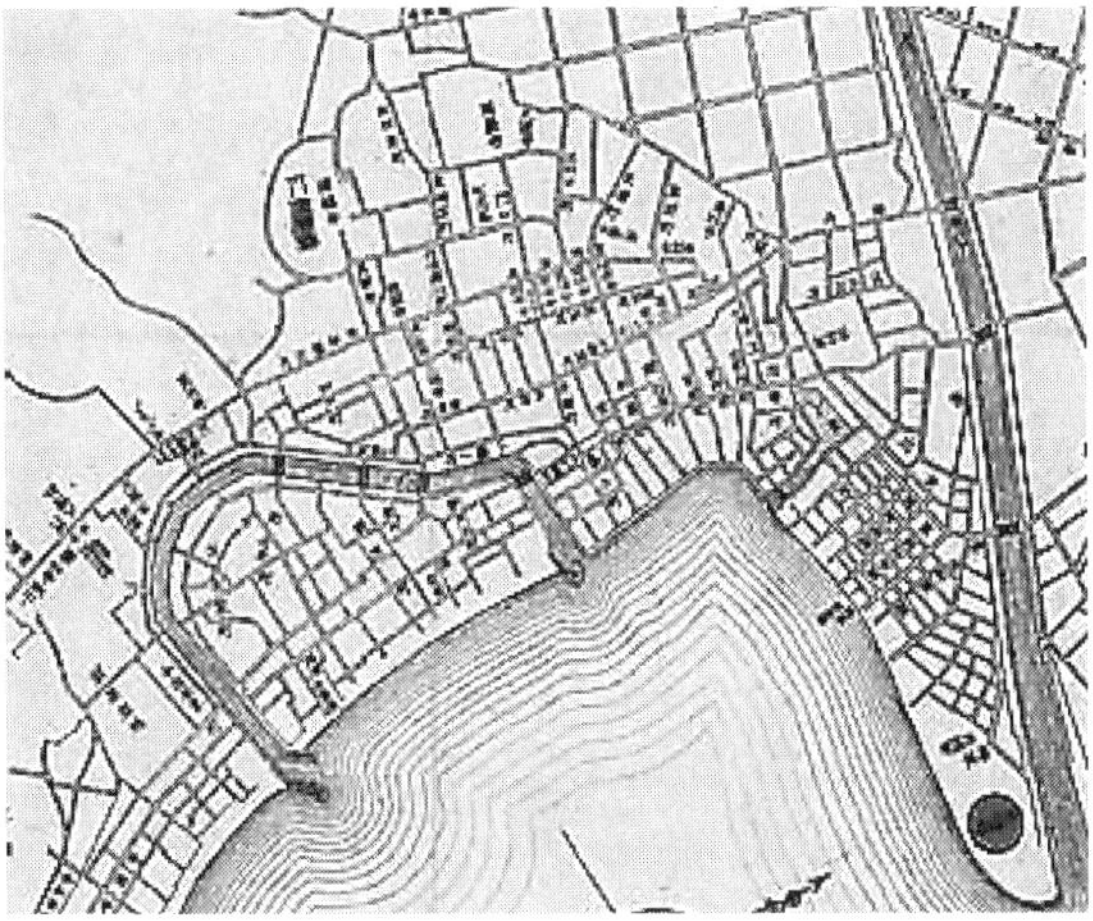

明治13（1880）年ごろの兵庫港の周辺地図。
兵神市街之図の部分（神戸市立中央図書館所蔵）

関税率の低減交渉は翌年一月から始まり、五月には妥結した。残るは「兵庫開港勅許」だけとなった。

◆兵庫開港が切り札

関税率低減妥結から七カ月後、慶応二（一八六六）年十二月七日、西郷とサトウが一年三カ月ぶりに薩摩浜本陣「小豆屋」で再会した。事情通のサトウも知らない情報が、いきなり西郷の口から出た。「一昨日、将軍職を拝命した慶喜が十七日、京から大坂へ行き、そこへ諸外国の外交団を招く」と。幕府は将軍の交代によって立て直しを図ろうとしている事実をサトウは即座に読み取ると同時に、今後への不安も漏らした。「われわれイギリス人は、日本と条約を結んでいるのであって、個人相手ではない。今は誰がこの国の本当の元首であるか知りたい。正直言えば、幕府には重大な疑惑を感じている。大名会議による解決を望む」と、イギリスの基本路線を説明し、「われわれが予定通り来年（慶応三年）兵庫開港を要求する場合、大名らが反対すれば、幕府はまた苦しくなろう」と、幕府を追い込んだ上で雄藩連合が政権を奪おうとする西郷ら討幕派の狙いを見透かすような発言もした。

前年の条約勅許をさせないための揺さぶりも頭のいい慶喜に軽く交わされ、勅許を得られてしまった。こうなれば、西郷らは「兵庫開港勅許」を最後の手段として利用するほかはない。とはいえ政略を別にすれば、兵庫開港を拒絶しているわけではない西郷自身の胸の内は苦しい。「薩摩藩主は、兵庫開港に反対ではないが、既に開いた横浜港のように幕府の統制の下での開港には反対だ。われわれは兵庫が日本全体の福利になるよう開港してほしい。できれば、薩摩を中心とした有力大名からなる委員会に主体を委ねてほしい」。こう言い残して西郷は小豆屋を去った。

情勢視察のため兵庫の港町を散策したサトウは、かつて石を投げられた大坂とは全く異なる印象を『一外交官の見た明治維新』につづっている。「兵庫の住人は私たちに至って丁寧であった。街路を通ってもこちらへ注意を向けなかったことから、外国人を見慣れてきていると、はっきり分かった」(要約)。

小豆屋でのサトウとの会談で薩摩や雄藩の意図がどこまで通じたのかは分からない。しかし、西郷のこうした発言にサトウは「兵庫開港問題が切り札」と理解した結果、イギリスは、幕府寄りのフランスとは反対に、討幕派に協力するように幕府に開国を迫り、圧力を掛けていく。

混乱の中での開港・開市

◆八都市の開港・開市

兵庫（神戸）開港は慶応三年十二月七日（一八六八年一月一日）だが、日米修好通商条約締結時の規定とは異なる。日本側のもろもろの事情から五年延期してもらった結果であった。しかも当初、開港場所を「兵庫」と言いながら実際は、三・五キロ東方の「神戸」に変更している。その先例は、兵庫より九年早く開いた横浜港も「神奈川開港」の約束だった。このように、条約にうたわれた当初の規定が守られず、かなりの点で変えられてきた。

江戸幕府が西洋列強と初めて結んだ近代条約である日米和親条約に立ち返って、「開港」と「開市」、それに貿易に携わる外国商人や領事のため各地に設置された「居留地」について、曖昧模糊とした姿を明らかにしたい。取り上げるのは、下田、箱館（函館）、長崎、神奈川（横浜）、兵庫（神戸）、新潟、江戸（東京）、大坂の「八都市」である。これを六港と二都市としなかったのには訳がある。

◆下田と箱館（函館）に見る開港

まず嘉永七年三月三日（一八五四年三月三十一日）、日米和親条約は、神奈川条約とも呼ばれるように、幕府がアメリカ使節ペリーと神奈川県の横浜で締結した、鎖国後初の近代条約である。ところが最も重要な規定を、かつては条約締結日に「下田と箱館（函館）の開港」と記してきたが、これは誤解を招く。

実は、和親条約で「開港」という文言を使うと、四年後の修好通商条約での「開港」と同義と思われてしまうため、今では使わないケースが多い。というのは、和親条約の段階では、貿易の規定がないため、外国との物品の取引には、日本の役人の仲介が必要で、この状態ではまだ「正式な開港」とは言えない。

そんな事情から近年では、外国船の「寄港」とした上で「下田・箱館両港の一定区域内での自由な遊歩、薪炭・食料など必要品の供給、遭難船員の救助、領事の下田駐在などを規定し、外国人に対する従来の待遇を完全に転換した」（日本史広辞典編集委員会編『山川 日本史小辞典（改訂新版）』二〇一六年）といった記述が主流になっている。さらに「公の通商は日米修好通商条約を待たなければならなかった」との追記で「全面開港ではない」旨の注意を促している。

和親条約で外国船の寄港が許されるようになった下田港は、その後、どうなったのだろうか。実は、通商条約によって神奈川（横浜）港が安政六年六月二日（一八五九年七月一日）に開港すると、国際港としての下田はわずか六年足らずで用済みとなり、半年後の安政六年十二月十二日（一八六〇年一月四日）をもって「鎖港」、専ら国内向けの港に格下げされた。

では、和親条約で「制限付きの国際港」となった箱館港のその後も気になる。同条約締結二カ月後、ペリーが旗艦以下五隻の軍艦を率いて箱館に入港して測量などを実施したのは素早い動きと考えられるが、港が一気に外国船で活況を呈したわけではない。下田港と同様、外国との直接交易は禁止されていたが、外国船の入港が始まるとやはり物品売買は避けられない。安政六（一八五九）年、幕府箱館奉行は、新たな通商条約による本格的な貿易を見越し、外国人居留地の造成に着手した。

安政五年六月十九日（一八五八年七月二十九日）以降、アメリカをはじめオランダ、ロシア、イギリス、フランスとも結んだ修好通商条約「安政五カ国条約」によって、箱館は改めて正式に「開港」する。この時点で、和親条約による「寄港地」という中途半端な状態ではなくなったのである。その意味では、同じ和親条約で〝開国〟したものの、その後、役目を終えて鎖港した下田港とは異なる。

通商条約での開港場として、かつては長崎、神奈川（横浜）、兵庫（神戸）、新潟の四港を挙げていたが、今では仕切り直した「箱館」を加えた五港とするようになった。下田の役割は横浜が取って代わったため開港場から外れたのとは対照的に、箱館は改めて「開港」したのである。ただ、貿易が始まっても横浜・長崎の両港と比べると箱館港の貿易額は低く、コンブを中心とした海産物を主に清国（中国）に向けて輸出していたのが目立つぐらいだ。なお箱館は明治二（一八六九）年五月の戊辰戦争終結後、「函館」と改称した。ただし一般には、しばらく箱館、函館が混用された。

◆神戸、新潟の開港事情

通商条約による開港は、和親条約に引き続き〝格上げ開港〟した箱館と、新たに神奈川改め横浜、それに長崎の計三港が規定通り同じ日に開港した。

問題は兵庫（神戸）と新潟の開港と江戸、大坂の開市である。外国嫌いの孝明天皇による勅許が無理と判断した幕府は急遽、竹内保徳らの遣欧使節を結成してイギリスに渡り「開港開市の五年延期」を認める「ロンドン覚書」に調印して戻ってくる。幕府は、この期間に天皇を説得しようとの腹積もりだったようだが、結果として、延期後の兵庫開港予定日の一年前に孝明天皇が崩御、後を継いだ明治天皇からの勅許を得て、何とか格好がついた。開港半年前の滑り込みであった。

では、新潟港はどうか。幕府は天保十四（一八四三）年、早くも新潟港周辺を幕府直轄領とし新潟奉行を新設していたため、外国からの「日本海側にも国際港を」の要望に対して、すんなり新潟を指定できた。兵庫と同じく五年の延期を許され、開港準備も進められてはいたのだが、幕末の混乱がそれを許さない。神戸と異なり、新潟港には「水深不足」という根本的な問題があった。加えて戊辰戦争のさなかにあり、奥羽越列藩同盟と新政府

長谷川小信作「神戸古版画集」より「摂州神戸海岸繁栄図」
（神戸市立中央図書館所蔵）

軍との最前線が関東から北陸、東北、蝦夷地へと北上していた。そんな戦火にまみえながらも神戸開港からちょうど一年遅れの明治元年十一月十九日（一八六九年一月一日）、新潟開港にこぎ着けたのは、立派と言ってもよかろう。ちなみに、この日、慶応四年七月に江戸から改称したばかりの東京が開市した。

◆国際港へと発展した神戸

これで、五港全ての開港に加え、東京も開市したわけだが、後は大坂の「開市」問題が残っている。これも通商条約によるのだが、大坂については、神戸が開港した同じ日、慶応三年十二月七日（一八六八年一月一日）に開市しただけでは済まず、八カ月後、どさくさに紛れて「開港」し、国際港になってしまっていた。そして、あまり時を経ずして機能不全から尻すぼみに陥るからややこしい。さらに「大阪開港」から三十一年後、条約が改正された明治三十二（一八九九）年には東京も「開市」から発展し「開港」するが、ここでは東京開港には触れない。

現在の神戸の港（掬星台より）

では、開市とは一体何なのか。開港とはどう違うのだろうか。端的に言えば「開市場には貿易のための外国船は入港できない」という一点に尽きる。開市しただけの大阪港で輸入業務をするためには、神戸港で全ての通関手続きを終え、小型の日本船に積み替えて大阪港に運ばねばならなかった。当時、日本最大の商業地の大坂で、こうした状況は効率が悪いとの批判から、慶応四年七月十五日（一八六八年九月一日）、安治川左岸の現大阪市西区川口が、開港場に変更されたのである。

しかし現実には、大阪港には神戸港にはない、港湾として致命的な大問題があった。巨大な外国船を受け入れるには、水深が十分ではなかったのである。というより、正確には大河淀川が運んでくる土砂によって浚渫《しゅんせつ》が追い付かないほどすぐ埋まってしまう難題を抱えていた。これは、幕末に始まった話ではなく、古代からの課題で、本来なら都に近い港（古くは浪速津《なにわのつ》）の方が何かと便利なのだが、大輪田泊以来、兵庫津が重宝された理由がまさに「水深」にあった。慶応四年七月（一八六八年九月）の大阪（大阪府発足以降、便宜上、大阪とする）開港に際して、安治川左岸が開港場となり、神戸と同様に外国人居留地が造成され、近くの富島に港湾が築造された。しかし、川口は既に安治川河口から六キロもさかのぼった地点に位置していた上、川が狭く浅いため大型船の入港が難しかった。せっかく国際港に認定されたものの国際港機能は次第に神戸港へ移っていった。やがて集約が進み、明治五（一八七二）年を最後に外国船は大阪に入港しなくなり、貿易港としては短命に終わった。

川口の外国人貿易商は神戸の居留地へ続々と転出した。一八九〇年代に東洋一の港となった神戸港の繁栄とは対照的に、大阪港の大型船舶航行の限界は、結局、明治三十（一八九七）年の大阪港第一次修築による新港湾造成まで解消されなかった。神戸港の名声がいかに高かったか、昭和四（一九二九）年に制定された「新鉄道唱歌・東海道線㊦」（藤原守人詞・美和充曲）に「四、高槻　吹田　うち過ぎて　今こそ渡れ淀川を　海内無二《かいだいむに》の商業地　大大《だい》阪を目の前に」「五、見よや出で入る船の数　聴けよ汽笛の声々を　東洋屈指の貿易港　東海道線ここに尽く」と歌われている事実からもうかがえる。

ハイカラ文化を生んだ居留地と雑居地

◆ミナト神戸、ハイカラの背景

神戸は、いつの頃からか「ハイカラ」と形容されるようになった。その理由を漠然と「幕末、世界に向けて開港されたから」とされてきたが、神戸の何がハイカラをもたらしたのだろうか。もう少し突き詰めてみたい。大海原を渡ってきた文物を神戸の人々が抵抗なく受容し進化させてきた結果だろうが、「世界に開けた窓」は幕末以前にもあった。宋《そう》船を迎え入れた平清盛の時代をも遥かに越え、中国通いの遣唐使船や朝鮮半島からの新羅《しらぎ》船が発着した奈良時代にまでさかのぼる。

神戸を語る際「港」は欠かせないが、時代により場所も名も異なる。『万葉集』に見える奈良時代の敏馬浦《みぬめのうら》（灘区）から平安期以降に中心となる大輪田泊―兵庫津―兵庫港（兵庫区）を経て、幕末の開港から現在に至る神戸港（中央区）への流れを押さえる必要がある。『古事記』『日本書紀』の神功皇后《じんぐう》神話をおいても七世紀に新羅から敏馬浦に使節団がやって来ているし、大輪田泊には遣唐使船も発着した事実から、遅くとも飛鳥時代、既に「国際港」的性格を備えていただろう。平安末以降は、かなり明確に港の様子が知れる。清盛が宋船を迎え、室町前期には足利義満による日明貿易で活況を呈した。馬・刀剣・硫黄・硯《すずり》・扇子・屏風《びょうぶ》などの朝貢品を明帝に献上するのと引き換えに、高級絹織物や白金、大量の銅銭といった、まばゆいばかりのお宝が返礼として贈られた。

江戸時代に入ると寛永十（一六三三）年に始まる「鎖国令」以降、海外との交渉は限られるものの、兵庫津は瀬戸内海航路の要であり続けた中世に続き、北前船や菱垣・樽廻船による国内海運の拠点港として繁栄を極める。その殷賑《いんしん》ぶりは、文政九（一八二六）年、長崎―江戸を往復したドイツ人医師で博物学者のシーボルトが『江戸参府紀行』に驚きをもって記している。「港内には絶えず多くの大小の船舶が停泊し、港外には数え切れないほどの船が大坂に向かっていく。いったい世界のどこに、これほど大小無数の漁船や商船が行き来している所があるだろうか」と。

幕府以外の各藩や一般商人が外国との直接交流が閉ざされたからといって、兵庫津に舶来品が入ってこなかったと見るのは早計だろう。シーボルトが江戸への道すがら各地に住む弟子筋の医者や学者らに最新式の医療器具などを見せ、時には、珍種の動・植物の剝製や標本への礼として与えたりしている。

さらには、おおむね徳川将軍が交代する度に来日した朝鮮通信使一行も見逃せない。総勢五百人にも達する大行列は、さながら動くショーウインドーの趣を呈しただろう。淡路島出身の豪商・高田屋嘉兵衛は自前の北前船を駆使し、毎年のように蝦夷地を往復した。彼の地ではアイヌ民族が中国大陸の少数民族との交易で手に入れた、珍しいラッコやアザラシの獣皮などをも兵庫津にもたらした。

時代により幾分、盛衰の濃淡を見せつつも古代以来、神戸の港には、海外を含む各地から多様な文物が次々と集まってきた。幕末の開港からさかのぼること実に千三百年以上にも及ぶ歴史が、幾重にも層をなし蓄積しているのである。これこそまさに「ハイカラ」の壮大なバックグラウンドと言えよう。

◆誤解される神戸開港の日

いよいよ目前に明治が迫り「近代の開港」となるが、揺らぎようのない「その日」慶応三年十二月七日（一八六八年一月一日）は誤解されがちである。日本が太陽暦を採用する明治六（一八七三）年より前に起きた事象の年を略記する場合、新旧の月日が一カ月ほどズレるのを承知の上で換算せず、そのまま和暦から〝横滑り〟させた西暦年を記述するのが普通。このルールに従えば、「神戸開港（慶応三〈一八六七〉年）」となり、実際の一八六八年一月一日とは一年もの誤差が生じてしまう。さらに厄介なのは、逆に一八六八年を和暦に横滑りさせると、慶応四年（九月からは明治元年）となり、混乱に拍車を掛ける。

一日しかない開港日に、二つの西暦と三つの和暦がひしめき合ったせいか、今も歴史読み物ばかりか権威ある受験参考書にも誤解が絶えない。例えば、平成二十九（二〇一七）年八月に改訂されたばかりの『詳説日本史研究』（山川出版社）は「兵庫も一八六七（慶応三）年にようやく開港の勅許を得たが、実際には現在の神戸になり、新潟も貿易港として改修する必要があるとして遅れ、開港は一八六八（明治元）年となった」と記す。この記述は、幾つかの点であいまい極まりない。兵庫については勅許だけで開港には触れず、新潟は開港だけ記しているのはいいとしても、これでは、新潟が兵庫よりちょうど一年遅れた事実が伝わらない。実際、新潟の開港日は、明治元年十一月十九日（一八六九年一月

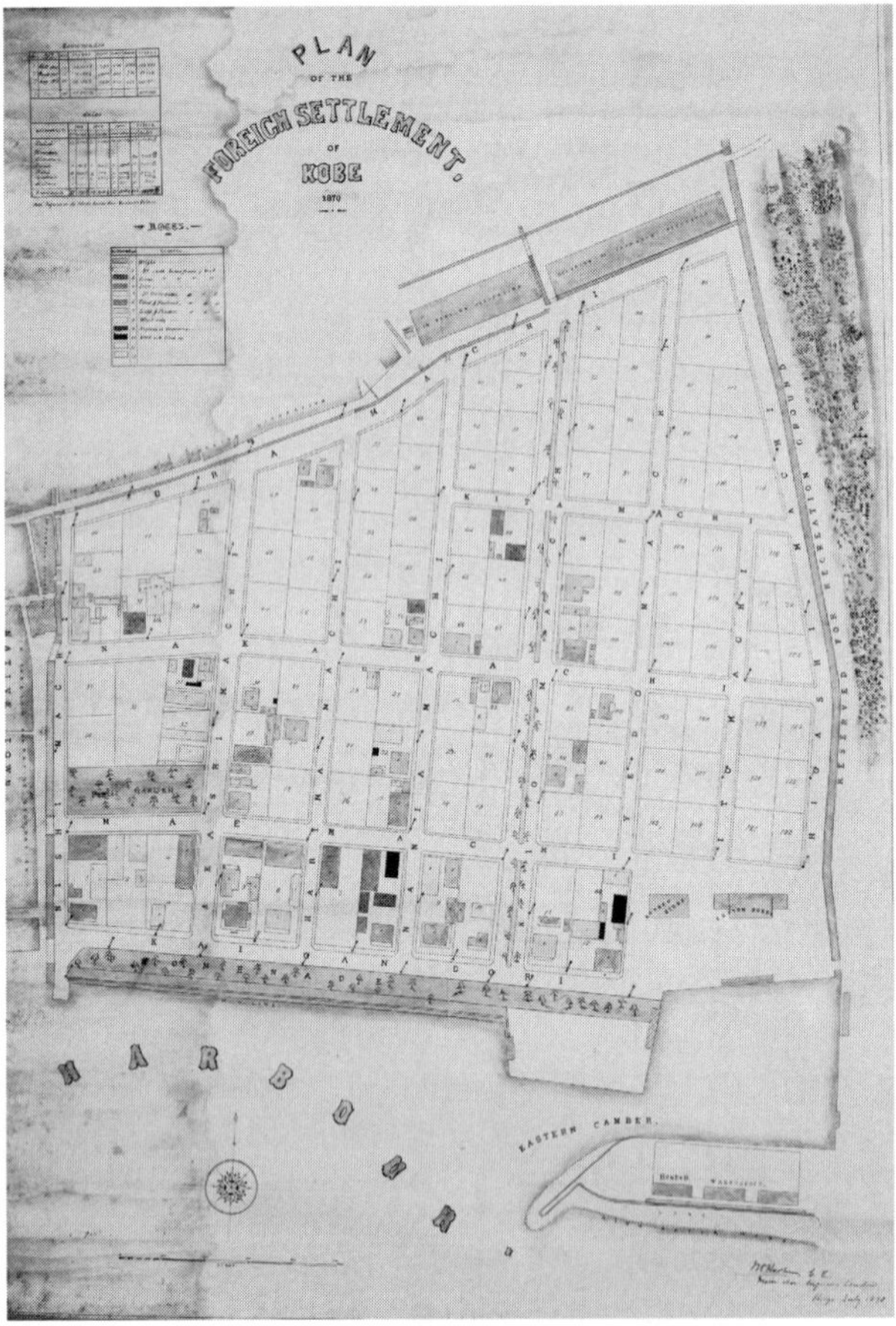

J.W. ハートが作成した 1870 年版の居留地計画図
（神戸市立中央図書館所蔵）

一日）となり、こちらも兵庫開港日と同様に西暦は一年ずれ、誤解を招く。

翻って二〇一七年を神戸開港百五十年に位置付けるのは、百年記念行事をうっかり？「横滑り年」を起点として一九六七年に実施してしまった名残かもしれない。神戸の場合は、欧米列強に「兵庫開港」と約束しながら実際は約三・五キロ東方の神戸村に変わってしまった「おまけ」まで付く。なぜか。兵庫津界隈は古くからにぎわったが故に人家が密集し、外国人居留地を確保できなかった点のみを理由に挙げるにとどめたい。

明治末ごろの神戸外国人居留地

◆雑居地誕生の理由

複雑な開港のいきさつはともかく、伝統的な港町である兵庫ではない神戸新港には、堰《せき》を切ったように西洋の文物が流れ込み始める。しかし、開港の祝賀熱もつかの間、かつて横浜開港後に問題となった外国人とのトラブルが心配されていたにもかかわらず、案の定、当地でも防げなかった。外国兵と備前藩兵との衝突「神戸事件」だ。結果的には一人の藩士の詰め腹によって落着したとはいえ、混乱で居留地造成は七カ月も遅れた。仕方なく新政府が取った窮余の一策が、後の神戸を一層ハイカ

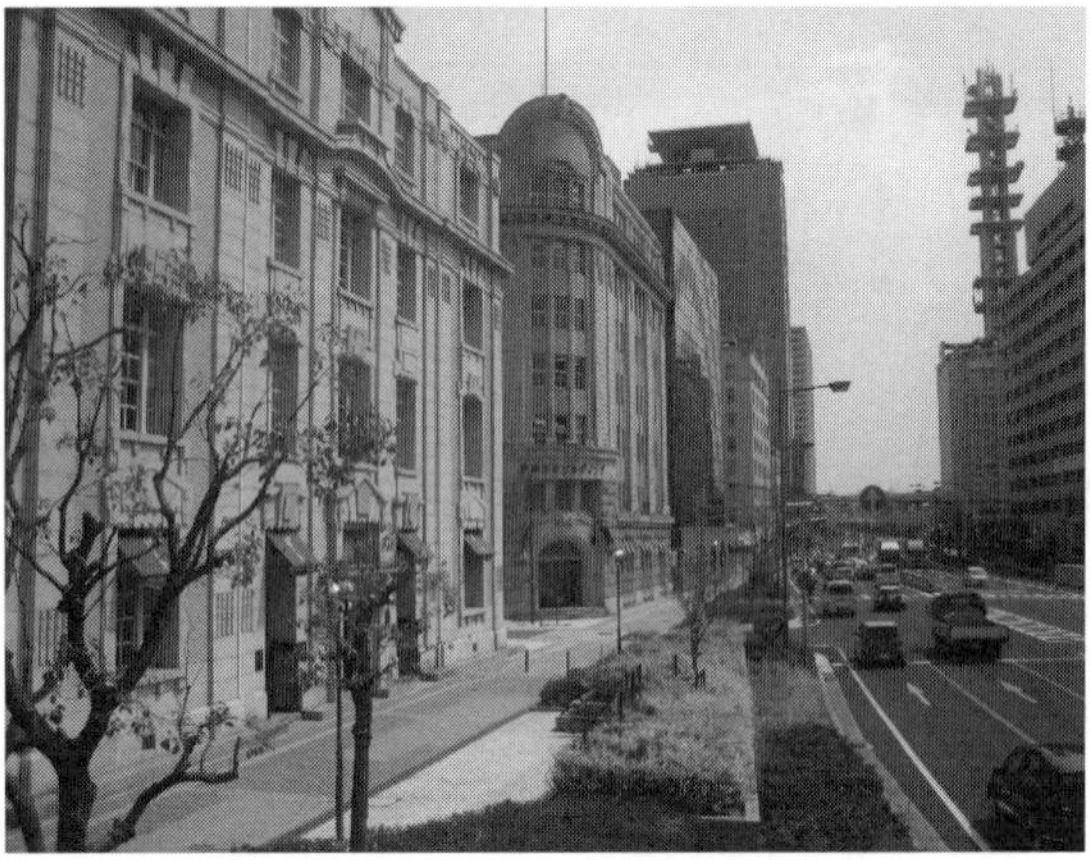
現在の旧居留地（神戸市中央区海岸通）

現在の北野異人館街

ラ色に染め上げる決定打となるのだから、都市の運命は分からない。

造成に手間取る居留地の隣接地を「雑居地」として日本人との混住を認めたのだ。東西は旧生田川〜宇治川、南北は海岸〜山麓。今、居留地西隣に「南京町」が、北側の北野・山本両地区には「異人館街」が広がり、多くの観光客を集める。

神戸がハイカラ都市となったのは、雑居地の存在に加え、さらなる理由がある。江戸中期末の明和六（一七六九）年、西宮〜兵庫の沿岸部が、尼崎藩領から幕府直轄領となった上知《あげち》令だ。以来、特に沿海部の住民は、城下町に付き物の因習やしがらみが徐々に薄れていき、隣に外国人が住んでも抵抗を感じないばかりか、逆に異なる文化や生活様式を旺盛に吸収していく素地が育まれていった。古くからの港町・兵庫と違い、神戸は寒村だったが故に、進取の気風にあふれた〝一旗組〟が新天地と見定め、各地から集住したのも一因に加わるだろう。

◆世界から入る文化

神戸が開港した一八六八年というタイミングも世界の海運史上、絶妙だ。翌年十一月に

明治15年ごろの商店・事業所を紹介した『豪商神兵 湊の魁』に描かれた「放香堂」

はスエズ運河が開通し、欧州とスピード航路で直結したからである。

これを機に西洋からいち早くもたらされ、神戸から全国に発信されたハイカラ文化は時代を超えて健在である。元町通三丁目に今も店舗を構える「放香堂」が明治十一（一八七八）年に出した新聞広告に「焦製飲料コフィー、弊店にて御飲用或は粉にて御求共に御自由」とあり、先取性が注目される。「スイーツ」では、創業が大正末に下るが、全国ブランドに成長した著名洋菓子店が共に、第一次世界大戦やロシア革命、関東大震災などを避けての来神であるのも興味深い。フロインドリーブ、ユーハイム、コスモポリタン（創業者はモロゾフ）、ゴンチャロフ……。国内で都市別売り上げがトップを争う「パン」では、「ドンク」の名で知られる藤井パンが明治三十八（一九〇五）年に創業、日本のフランスパンをリードした。「洋食」

も日本郵船系とオリエンタルホテル系の二系統をルーツに持つ老舗が味を競い合う。

その他、開港が九年早い横浜を差し置いて神戸発祥も引けを取らない。鉄道トンネル、牛肉の小売り、ラムネ製造、国産SL、食堂車・寝台車、映画（キネトスコープ）上映、本格的水族館、ゴルフ場、マラソン、屋内体育館、気象観測、デパートの土足入場、パーマネント……。そして二〇二〇年には五十回の節目を迎える「神戸まつり」の前身、昭和八（一九三三）年に始まる「みなとの祭」も隅には置けない。全国にあまたある都市型のフェスティバル系祭典の中でも立派な老舗に属する。サンバのリズムは新しくてもルーツは歴史に薫る。

神戸居留地競馬に熱狂

◆関西初の西洋式競馬

神戸開港から半年。ようやく外国人居留地の造成が完成、一部区画の売り出しが始まった。ここに住む西洋人の暮らしも落ち着きを取り戻した頃、中でもイギリス人紳士らには、仕事を離れての大きな楽しみが日本には無い現実に、いら立ちを禁じ得なかった。「競馬」である。

神戸に先立つ九年前に開港した横浜では、開港の翌年に当たる一八六〇年九月一日（万延元年七月十六日）に初めて洋式競馬が開催されて以来、場所を転々としながらも毎年開かれていた。「神戸でもできるはず」と話は、とんとん拍子に進み、開港した一八六八年のクリスマスを祝うイベントとして、早くも開催にこぎ着けたのである。

居留地の外国人たちは日常、移動手段として馬を使っており、その馬をレースに出場させたため、話が早かった。ただし、サラブレッドとは程遠い、在来の日本産馬だったらしい。もともと使役に使う馬の「レースへの転用」は無理があり、神戸での「居留地競馬」が短命に終わる原因の一つとなるのだが、後で詳述する。

当時、正確には明治六（一八七三）年を迎えるまで、日本人は旧暦で生活していたが、居留地の西洋人は、外国との取引の関係もあって来日当初からカレンダーに新暦を採用していた。神戸が開港した一八六八年の十二月二十五日（明治元年十一月十二日）、居留地北東部の空き地、現在の神戸市役所の西側付近で初めて競馬を開催した。これは神戸外国人居留地での組織的なスポーツ活動としても初めてで、関西の西洋式競馬の発祥でもあった。一周二分の一マイル（約八百メートル）十二レースが行われ、大盛況を博し、六十両近くの余剰金を出した。今の貨幣価値に換算するのはやや無理はあるが、四十～五十万円になろうか。

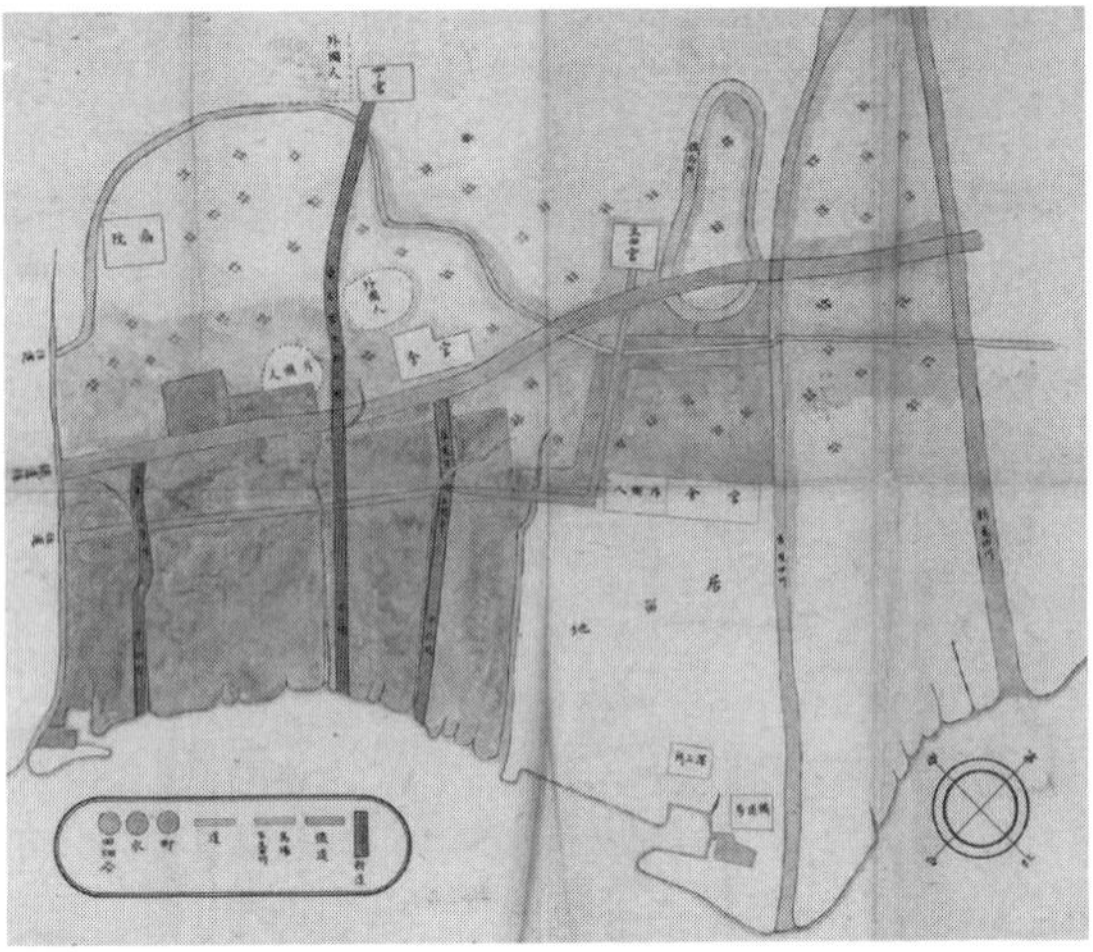

明治４（1871）年３月の「生田川附近ノ図」。瓢箪のような楕円が競馬場（神戸市立中央図書館所蔵）

◆伊藤博文も参加

　成功を受けて居留地の住民らは早速、競馬を開催するための組織を立ち上げ、定期的に競馬ができるよう計画した。ヒョウゴ・レース・クラブ（ＨＲＣ）で、翌一八六九年三月（以下、この章のみ新暦）、居留地の主だった外交官や実業家が出席する会議で同クラブ創設が承認された。ＨＲＣは、横浜レース倶楽部に続き、国内の居留地では二番目の競馬開催団体で、神戸居留地初のスポーツ組織だった。後の一八七〇年九月に誕生する神戸レガッタ＆アスレチッククラブ（ＫＲ＆ＡＣ）の先例となる。

　承認を得て勢いに乗る競馬主催団体のＨＲＣは、次期開催を一年後では遅いとばかりに翌年四月、第二回を同所で開いた。前年春から初代兵庫県知事に着任し、一年ばかりの任

「神戸古版画集」より摂州神戸西洋人馬駆之図（神戸市立中央図書館所蔵）

期を終えて神戸を離れる直前、伊藤俊輔（博文）も愛馬のアラブ種を駆って参加、第十一レースの障害に出走したが、着外に終わっているのはご愛敬だろう。実は前年にも招待されながら姿を見せず、不興を買った反省からの参加とされる。このとき、競馬開催日を休みとし、居留地内の店舗を休業にしたのが恒例として定着した。二回目も盛況で、当日夜のパーティーでは次回への寄付も集まった。

◆生田神社東に新競馬場誕生

こうなると、居留地隅の空き地ではなく、本格的な競馬場でやりたくなるのが人情である。五月に新しい競馬場を求める声が出始めるとＨＲＣは素早く動く。場所は居留地から北へ離れた生田神社の東側一帯。東西を同神社と旧生田川（現県道新神戸停車場線＝フラワーロード）の間とし、南北を西国街道（現市道花時計線）と中山手通に挟まれた地域に着目するや、兵庫県を通じて日本政府と借地契約を結んで用地を確保し、直ちに建設に着手。九月末まではコースや柵などの基本的な工事を終えたというから突貫工事ぶりに驚く。総敷地は約五千二百坪（約一万七千二百平方メートル）とされ、コースは左回りのダートで、公称千百五十ヤード（千四十メートル）との触れ込みだったが、実際は九百五十ヤード（八百六十メートル）に満たなかったらしい。

ＨＲＣは十月二日、ヒョウゴ・オーサカ・レース・クラブ（ＨＯＲＣ）に改称した。大阪居留地民にＨＲＣの会員が多数おり、一時は独立する動きもあったが、大阪での競馬場の確保が難しかった上、神戸港が活況を呈していったのとは裏腹に大阪港は水深不足の問題などから国際港の機能がしぼんでいったため、クラブ名に大阪を入れることで決着した。

そして早くも同年十一月十二、十三の両日、新コースで初めて、通算三度目の〝居留地競馬〟を開き、二日間で十七レースを催した。当地は、居留地から北に外れており、外国人専用ではないため、物珍しさから多数の日本人も詰め掛け、過去二回とは全く趣を異にした。日本人向けに造られた二つの小屋が満員に膨れ上がったばかりか、競馬場を何重にも取り囲んで歓声を上げたという。ギャンブル好きのイギリス人が中心となる主催者とあって当然のように賭けも行われ、神戸や大阪のホテルで馬券が発売された。

◆神戸・東門街に競馬場の名残

こうして新競馬場は順調に滑り出した。翌一八七〇年からは春と秋の年二回、それぞれ開催日を三日に増やすなど人気も定着、さらに居留地民のための運動会も開かれるなど存在感が増していったが、設備に幾つか致命的な問題点があった。第二コーナーと第三コーナーのカーブが急で危険な点。さらにダートの水はけが悪いため芝を張っての改修も検討されたものの技術的な問題で断念した。HORCでは競馬場の移転まで議論されたが、一八七〇年七月の総会で改修する方向で落着した。

ところが十一月、突然、日本政府から「鉄道敷設のため競馬場の敷地を接収する」と通告してきた。HORCでは、この降って湧いた話を逆手に取ろうと色めき立った。新しい用地と競馬場建設の費用を日本政府に拠出させようとしたのだ。しかし、目論見通りには行かず、交渉は難航。結局、政府は鉄道路線を競馬場の南側に変更したため、鉄道敷設に便乗した新競馬場建設は難しくなった。

一説によると、ＨＯＲＣは「最低、四分の三マイル（約千二百十メートル）のコースを」との条件を突き付けて交渉に当たったが破談。政府鉄道局は秋季競馬が終了した一八七一年十月二十八日「接収」をＨＯＲＣに通告し、三十日に競馬場の柵を撤去して杭打ちを実施した。これに激怒したＨＯＲＣは兵庫県を通じて「借地契約を無視する不法侵害」と抗議。対して県はＨＯＲＣの権利と要求を認め、四万ドル（米価による換算では現在の約四億円）という高額の補償費を鉄道局に要求した。結果、鉄道局は厄介な競馬場を横切る当初案を破棄、迂回して南側に敷設する路線に変更、この問題への正対を避けた。

悪いことは重なるもので、競馬場新設話が頓挫してから景気が悪化し、居留地民の商売にも影響してきた。ＨＯＲＣの会員数も減少し、ひいては出走する馬の数も新競馬場が出来た一八七〇年の半数以下となり、横浜からの遠征もなくなった。開催日数は一八七〇年から三日間となっていたが、一八七四年春に二日間、同年秋には一日だけとなり、一八七五年にはついに開催が中止に至った。こうなると競馬場の維持も難しくなってくる。同年十月の借地料の期限が迫り、窮地に立たされたＨＯＲＣは、イギリス領事から兵庫県を通じ、政府に借地料の減額を請願。加えて、工事が進んでいた、居留地東側の内外人遊園地（現東遊園地）の北東部分を拡大して、公園外周部分に新たな競馬コースを設ける引き換えに現競馬場を返還する計画案を提案したが、共に認められなかった。

結局、借地料の不払いにより土地を接収され、競馬場は日本に返還されることになった。

生田東門商店街に見られる競馬場の名残のカーブ

ＨＯＲＣは一八七七年十一月で解散した。神戸の〝居留地競馬〟の終焉《しゅうえん》であった。神戸が開港した年一八六八年の十二月、居留地の北東隅で始まり、二年後から生田神社東側の新競馬場に移って、七四年秋が最後という、丸六年のはかない命であった。跡地は現在、神戸を代表する歓楽街「生田東門商店街（東門街）」となっている。通りのＳ字カーブは競馬場のコースの名残とされる。

◆なぜ短命に終わったか

わずか六年の居留地競馬だったが、その間、競馬場の改修や移転にとどまらず、試行錯誤の論争があった。中でも白熱したのは、騎乗する馬種の問題だ。当時の日本にサラブレッドはいない。共に小型の在来種と中国産馬だけで、それぞれジャパンとチャイナを冠して「ポニー」と呼ばれた。例外的に障害競走用の「ホース」と称されるやや大型の馬もいた。対競走馬の二種を比べると、実力で、というより調教されている分、中国馬が上回った。対して日本馬は気性が激しく、騎手の指示を無視してレースの最初からがむしゃらに走り、最後はバテるというパターンを繰り返した。このため大半は馬種を分けてプログラムを組んだが、日中馬の混合レースも存在した。しかし、ほとんど勝負は走る前から決まっていた。資力のある馬主が金に飽かして中国から輸入した良い馬が勝ったため、賭けには向かなかった。

こうした状況から日本馬と中国馬のいずれを重視するべきかについて、ＨＯＲＣ内で意見が対立した。〝良識派〟は「日本馬を用いることで日本の馬産の発展に寄与できる」と主張。同時に「中国馬を重視すれば、金持ちの馬主が賞金を独占する恐れがある」と指摘した。一方の中国馬重視派は「日本のことなど構う必要はなく、優れた中国馬の競走で本格的な競馬が楽しめる」との論陣を張った。この馬種論争は次第に中国馬派に傾き、資力の乏しい馬主はHORCを辞めていった。この証しは、最後となった一八七四年秋に出走した日本馬は一頭だけだった事実がはっきりと物語る。

外国人による居留地競馬を先行し、一八六〇年から一九四三年まで八十三年も続いた横浜と比べると、なぜ神戸は六年という短命に終わったのだろうか。神戸居留地研究会の田村洋一氏は理由を次のようにまとめている。直接の原因は景気の悪化 ▽開港の遅れ ▽日本の行政機関の関与が少なかった ▽明治天皇の関与が全く無かった ▽居留地の規模の違い ▽鉄道・電信・人力車の普及と景気の悪化で馬を飼う必要性が低くなった――と列挙した上で、「婦人財嚢《ざいのう》競走」と訳される「Ladies Purse」が横浜に比べると回数・金額共に低調で、社交性の低さの表れと考えられ、日本政府が神戸にその必要性を認めていなかったことも長続きしなかった要因の一つだったと分析している。横浜での日本初の洋式競馬開催については、本書が採った「一八六〇年九月一日」以外にも、翌一八六一年春や一八六二年説も存在し定説はないが、馬事文化財団「馬の博物館」(横浜市)が横浜外国人居留地住人の競馬について詳細に記された日記の記述から割り出した先の日付が妥当と思われる。

新政府を揺るがした神戸事件

◆無政府状態の兵庫・神戸

慶応三（一八六七）年十月十四日、将軍徳川慶喜が打って出た「大政奉還」により、形式上は幕府が長く担ってきた政権を天皇に返上したとはいえ、実質は幕府による統治は続いていた。その証拠に、二カ月足らず後の十二月九日、突如発生した「王政復古の大号令」なるクーデターは、天皇を中心とする「真の朝廷政治」を実現させるために必要だったからである。

では果たして、これをもって日本の施政権が幕府から朝廷に移ったと言えるのだろうか。つまり「明治政権」は、どの時点で成立したのかという、今も説が分かれる議論とも絡み、一概に線引きはできない。国内事情はともかく、少なくとも、対外への国際的な「政権交代宣言」がまだなされていないため、大手を振って新政府とは言い難いのである。そんな不安定な維新期の〝端境期〟に、大げさに言えば、国の存亡にも関わりかねない一大騒動が、開港一カ月余り後の慶応四（一八六八）年一月十一日に起こった。「神戸事件」である。

時はまさに混乱のさなか。年明け早々の二日、兵庫沖で幕府と薩摩の艦船同士が砲撃、この前哨戦「兵庫沖海戦」を受けるように翌三日、京都南部での「鳥羽・伏見の戦い」で戊辰戦争が本格的に始まった。戦いは、幕府の惨敗となり、慶喜は幕艦「開陽」で江戸に逃げた。

幕府が緒戦に敗れた速報は各地にいち早く伝わり、幕府寄りだった親藩・譜代の各藩は苦しい立場に追い込まれた。現兵庫県域最大の姫路藩は、藩主が大老まで務めた立場からすれば、徳川へのしがらみをにわかにはぬぐいようがなく、藩兵五百人で西国街道入り口の京都・三条大橋から山崎（現京都府大山崎町）に布陣したが、幕府の敗退を聞いて姫路に引き揚げた。

加えて、朝廷に恭順を示していた外様・備前藩から形だけとはいえ姫路城に砲撃をされる屈辱も受ける。同じく譜代の尼崎藩へは一月六日、「本城を守り、朝廷に忠勤を励むよう」

との朝命が下った。

その尼崎藩の動向監視と交通の要衝である西宮の警備を命じられた備前藩兵が東上していたその道中の一月十一日午後、三宮神社前の西国街道で悲劇が発生した。前日には「慶喜追討令」（七日）が出されたのを受け、新政府は旧幕府領を直轄とすると宣言していた。幕府領だった開港地兵庫も対象となると敏感に察知した兵庫奉行・柴田剛中は急遽イギリス船を雇い、大坂町奉行所代官・斎藤六蔵らと共に、慶喜を追って江戸へ逃れた。この時点で兵庫界隈は、新政府への引き継ぎもないまま旧幕府の役人が逃走してしまったため、無政府状態と化した。

その頃、大坂の外国使臣団は神戸に避難し、運上所（税関）や旧海軍操練所などを仮領事館とした。

◆事件発生

事件の一部始終を見てみよう。ただし、真実がどうだったのか、いまだ幾つかの謎があるため、ここでは通説に従う。

三宮神社に立てられている神戸事件の碑と説明板

新政府から尼崎藩への牽制《けんせい》のため西宮警備を命じられた備前藩は一月五日までに二千人の兵を出立させた。うち家老日置《ひき》帯刀《たてわき》が率いる五百人（八百人とも）は西国街道を東へ進んだ。十一日午後一時過ぎ、隊列が神戸市中央区三宮町の三宮神社近くに差しかかった際、付近の建物から出てきた二人のフランス人水兵が備前藩兵の列を横切ろうとした。この行為は武家諸法度に定める「供割《ともわり》」と呼ばれる無礼な行為。第三砲兵隊長の滝善三郎正信が槍《やり》を持って制止しようとしたが、水兵が強引に横切ろうとしたため滝が隊士に命じて槍で突かせ、水兵に軽傷を負わせた。

水兵はいったん民家に退いた後、拳銃を取り出して戻ってきた。これを見た滝が「鉄砲、鉄砲」と叫んだ。滝の声を発砲命令と誤認した藩兵が威嚇のために発砲、双方による銃撃戦に発展した。やがて、工事半ばの外国人居留地を実況検分していた欧米列強公使らに備前藩兵の銃口が向けられ、何度かの一斉射撃に発展する。幸か不幸か弾はほとんど当たらず頭上を飛び越して、仮領事館となっていた運上所の屋上に翻る列国の国旗を穴だらけにする程度で済んだ。備前藩の発砲については、単に技量不足で相手に当たらなかっただけとの見方もあるが、弾がいずれも水平よりも上に向かっていた事実から「威嚇射撃」であった可能性が高い。

たまたま現場に居合わせた英国公使パークスは激怒し、ひと月余り前に開港したばかりとあって港に集結していた各国艦船に緊急事態を通達。一方、フランス水兵に加え米国海兵隊、英国警備隊も加勢し、備前藩兵を居留地外に追撃、旧生田川（現フラワーロード）の河原で銃撃戦となった。外国兵を相手とする事態の深刻さを悟った備前側は、家老日置が藩兵に射撃の中止と撤退を命令して〝戦闘〟は収まった。幸い双方に死者は無く、わずか二人の軽傷者しかいなかったが、だからと言って「おとがめ無し」とはいかないのが国際関係の難しさである。外国側の被害について、アーネスト・サトウの著作など一部の報告に「一人を射殺」と明記したものもあるが、現在では「死者無し」が定説となっている。

サトウは、外交官として実体験を基に幕末・維新期の日本の情勢を詳しく書き残した。その文書は大変貴重だが、「備前事件」の名称で取り上げた神戸事件については、「射殺」の記述に加え、殺された者を「一名のアメリカ水兵」とするなど明らかな事実誤認がある。

◆滝善三郎の切腹

日本側に何か付け入るすきはないかと鵜《う》の目鷹《たか》の目で見る列強は、同日中に、治外法権の居留地防衛の名目で神戸中心部を占拠し、港に停泊する諸藩の船舶を次々と拿捕《だほ》した。ここに至って双方、事態の収拾をしなければならないのだが、問題となったのが冒頭で提示した「政権の所在」だ。事実上、新政府が握った形になってはいても、あくまで「内輪」の話で、しかも前年十二月、徳川慶喜が「外交権は引き続き幕府にある」ことを各国公使に承認させた上、戊辰戦争が勃発してからは、各国から「中立」の意思まで確認していた。この時点ではまだあいまいな状態が続いており、徳川幕府から明治政府への政権移譲を諸外国に宣言していなかった。このため、パークスとの知己を生かして伊藤俊輔（後の博文）が、いち早く折衝に乗り出したものの、あえなく決裂してしまう。イギリスに秘密留学した経験がある伊藤は国際法上、当然の帰結とすぐさま認識し、いったん引き下がった。

そこで一月十五日、急遽朝廷がフランス、イギリス、アメリカ、ロシア、オランダ、プロシア（後のドイツ）の六カ国代表を集め、「開国和親」を宣言した上で明治新政府への政権移譲を正式に表明、東久世通禧《みちとみ》が政府を代表して改めて状況打開へ交渉に入った。当時、勅許も得て正式に開国したものの、国内的にはまだ一部に攘夷熱がくすぶっており、各国代表らも敏感にきな臭さをかぎ取ってもいた。このため、新政府は改めて「和親」を宣言する必要があった。

しかし、外国側は想像以上に強硬で、在留外国人の身柄の安全保証と当該事件の日本側責任者の厳重処罰（滝の処刑）を要求した。外国人側の被害が軽傷だったのに対して日本側の死刑は罰が重過ぎ、バランスを欠くとの反発もあった。武家諸法度違反の「供割」に対する滝の対処は武士として当然の行為と日本側は理解を示したが、何しろ相手は外国列強。傍若無人としか言えない強い要求にも抗《あらが》いようがない。伊藤や五代才助（後の友厚）を通じた伊達宗城（元宇和島藩主・外国事務総督）の三拝九拝の助命嘆願も聞き入れられず、フランスのレオン・ロッシュらによる公使投票で否決されるに至った。

結局、二月二日、備前藩は諸外国側の要求を受け入れ、九日、薩摩藩の本部が置かれていた永福寺（兵庫区南仲町）で六カ国の外交官が見守る中、滝を切腹させた。併せて備前藩部隊の最高責任者の日置に謹慎を命じ、事件は発生以来わずか一カ月足らずのスピード決着に至った。何とか落着はしたものの、日本側からは反論できないまま、列強の高圧的な要求を受け入れただけの「一方的な幕切れ」と言った方がいいかもしれない。滝の没後、永福寺境内に供養碑が建てられたが、同寺は太平洋戦争の空襲により焼失し、廃寺となったため焼け残った供養碑は他所での保管を経て、本来なら事件の九十九年後に行われる「百回忌」記念として二年遅れの昭和四十四（一九六九）年、近くの能福寺（同区北逆瀬川町）に移された。

◆徳川道と王政復古

さて、大名行列や藩兵と外国人との衝突は、横浜開港から三年後の文久二（一八六二）年八月、薩摩の隊列を横切った騎馬のイギリス人三人が殺傷される「生麦事件」が発生、翌年、薩英戦争にも発展した苦い先例があった。幕府がかねてこうした事態の再発を懸念し、対策も立てていたにもかかわらず、起きてしまった。特に神戸では、外国人居留地のすぐ北に接する西国街道は危険地帯とにらみ、ここを通らずに済む迂回路「西国往還付替《つけかえ》道（通称徳川道）」の整備が急ピッチで進められ、神戸開港の当日（慶応三年十二月七日）何とか開通にこぎ着けていた。西から、現在の明石市大蔵谷から内陸を通り、白川―鈴蘭台―森林植物園―杣谷《そまたに》を経て神戸市灘区御影に至る約三十四キロ。もし、備前兵がこの徳川道を通っていれば、衝突は避けられたはずである。

西国往還付替道（徳川道）の
東端付近に立つ案内板

なぜ、従来の西国街道に流れたのか。答えは「迂回路の完成を知らなかったから」である。何せ、開港の二日後には「王政復古の大号令」のクーデターが発生、年が明けた途端、戊辰戦争に突入と、立て続けに時代を揺るがす出来事に直面する中、徳川新道の完成を周知させる側の幕府は一転、朝敵として追われる立場となった。

六甲山中を通る徳川道（写真は桜谷付近、根岸真理氏提供）

結局、徳川道はほとんど知られず、また使われもせず、やがて忘れられていくのだが、当事者である備前藩の国元では、神戸事件の発生を知るや、西宮に向かう第二陣からは新道を使わせたが、もはや遅かりし。何とも間の悪い対応となった。しかし、同事件を滝善三郎という一人の備前藩士に全ての罪をかぶせ、その切腹によって電撃的に解決させた意義は大きい。優柔不断な対応により事態がこじれると、列強の格好の餌食《えじき》となり、神戸が日本本土から分離され、香港の九龍《クーロン》や上海のような植民地支配を受けた恐れもなかったとは言い切れない。滝の犠牲のたまものとも言える。

新政府の「開国和親」宣言後も攘夷の熱は冷めやらず、神戸事件から一カ月余り後の二月十五日には、はるかに規模が大きく凄惨《せいさん》な「堺事件」が発生した。堺に上陸し、住民に乱暴を働いたフランス兵を警備の土佐藩兵が死傷させたが、新政府はフランスの要求を入れ、関係者に切腹を命じた事件で、フランス兵十一人が死亡、同藩士二十人に切腹が命じられ、九人は助命された。さらに同じ月の三十日には、英国公使パークスが京都で暗殺未遂事件にも遭遇するなど、この頃まで攘夷の灯は消えなかった。

ただ、注意が必要なのは、生麦事件や堺事件、パークス暗殺未遂事件のような純粋な「排外攘夷」と、神戸事件は全く性質が異なる点である。神戸事件を起こした滝に攘夷の意思は皆無で、行動原理は、あくまで武家諸法度に定める供割違反をした外国人に対する、責務としての威嚇命令であった事実に、改めて注目する必要がある。また新政府は、非は日本側だけでなく、外国側にも応分の責任を問い、自国民のみの処罰要求を拒否するべきだった——との今日的正論もあるが、発足間もない明治政府には、平謝りし、切腹という厳罰をのみ、列強公使団の怒りを解いてもらうのが精いっぱいだっただろう。逆説的に言えば、この事件により「幕府に代わる新政権」として国際承認を得るという願ってもない成果をもたらしたのは、歴史の皮肉と言うほかはない。

兵庫沖から始まった戊辰戦争

◆戊辰《ぼしん》戦争の端緒は兵庫

戊辰戦争を手短に言えば「王政復古を経て明治新政府を樹立した薩摩・長州の両藩を中心とした新政府軍と、旧幕府勢力が戦い一年四カ月後、幕府が完全に滅んだ内戦で、名称は戦争が始まった慶応四年・明治元年の干支『戊辰』に由来する」となる。そして、その始まりは、慶応四（一八六八）年一月三日、緒戦の場となった京都府南部の地名から「鳥羽・伏見の戦い」とされる。主な戦場は上鳥羽（京都市南区）、下鳥羽、竹田、伏見（同市伏見区）と橋本（京都府八幡《やわた》市）だった。しかし、真に戦いの火ぶたが切られたのは、その前日で、京都ではなく兵庫沖であった事実は、あまり知られていない。

では、なぜ幕府が戦いによって倒されなければならなかったのか、考えてみれば不思議である。というのは、十五代将軍徳川慶喜は、前年の十月、自ら「大政奉還」して政権を朝廷に返上済み。まだ幕府に代わって政権を担える新政府は、実体として存在しないものの、形の上で幕府は政府の実務を暫定的に任されている状態であるため、もはや倒される意義・名目を失っている。にもかかわらず、なぜ「望まない戦争」に巻き込まれ、結果として目標としていた〝軟着陸〟がかなわず、「滅亡」を余儀なくされてしまったのだろうか。

◆慶喜の誤算

揺れ動く幕末にあって、ひときわ先が読めない頃、徳川慶喜が将軍に就く直前から、幕府と朝廷、薩摩・長州などの雄藩が三つ巴《どもえ》となってうごめく様子から、どのような経過で幕府が倒されるに至ったのかをつぶさにたどりたい。

慶喜は、十四代将軍家茂の病気が重篤で「早晩、交代がある」と感じたとき、次期将軍を決意したとされる。しかし、慶喜が描いた理想は、徳川氏全盛期に範を取り、幕府を過去に引き戻すのではなく、あくまで新時代にふさわしい「雄藩大名による合議政体」とし、諸問題を徹底討議の上、結論としての採否の権限を議長である将軍が握る――そんなシステムであった。当初「天下公論」、後に「公議政体論」と称し、目標に据えた。

公議政体論を編み出したのは、津和野藩の医師の息子、西周《あまね》である。西は脱藩してオランダに留学し、オランダ語や英語を習得した蕃書調所の教授。留学した成果をまとめて幕府に提出したところ、注目され、いつの間にか『万国公法』や『万国通法』として出版された。当時、欧州諸国でたどり着いた最新の近代政治の基本が詳述されていた。

慶喜は、この西から直接、講義をしてもらおうと京都に呼んでいたが、慶応二（一八六六）年七月二十日、大坂城内で没した将軍家茂の葬儀や第二次長州征伐軍を解く勅命を朝廷から引き出す政務などに忙殺され、聴講の機会ができないまま、いたずらに時が過ぎていった。家茂の死去から四カ月半ほどの空白の後、十二月五日、慶喜は将軍に就任するが、その前後の儀式にも振り回されているさなかの同月二十五日、今度は孝明天皇が急逝する。おまけに、この年から明治二（一八六九）年まで四年続きの大凶作に見舞われ、全国的に農民や町民の暴動、打ちこわしが相次ぐ。

◆討幕の密勅

そんな社会不安の真っただ中で、慶喜は将軍を任されたのである。政治力学も激変した。家茂の死によって慶喜が幕府権力を握る一方、慶喜を支持していた孝明天皇の崩御により、逼塞《ひっそく》していた公家の岩倉具視がにわかに復活、朝廷内で絶大な力を持ち始めるなど権力バランスも急転した。孝明天皇の急死は、岩倉による毒殺ではないかとのうわさは当時からあり、現在も完全には否定されていない。その岩倉の動きは、水を得た魚のように素早い。薩摩藩士と手を組んでの宮廷工作が奏功し、「大喪」を理由に、処罰されている公家への恩赦を引き出し、四十六人の蟄居《ちっきょ》を解除させた。

ここに来て、朝廷は一気に薩摩派の勢力が増していったが、討幕に至る動きを整理する。慶応二（一八六六）年一月、坂本龍馬の斡旋で薩長提携の密約に始まり、翌年五月、土佐藩士乾（板垣）退助らが薩摩藩家老小松帯刀《たてわき》らと京都で会い、討幕挙兵を盟約、九月、薩摩藩士大久保利通らが長州藩主父子（毛利敬親《たかちか》・広封《ひろあつ》）と会談し、討幕挙兵の盟約を締結するに及び、完全に流れは出来上がった。そこへ薩摩・長州両藩に向け「将軍慶喜を殺害せよ」と記された、いわゆる「討幕の密勅」が手交された。討幕派の公家中山忠能《ただやす》、正親《おおぎ》町《まち》三条実愛《さねなる》、中御門経之《なかみかどつねゆき》の連署で発せられた勅書で、「慶喜を朝敵として討て」との一文があった。薩摩の小松、西郷隆盛、大久保と長州の広沢真臣、福田侠平、品川弥二郎が受領し、請書を出している。ただしこの密勅は、異例の形式で天皇の直筆も連署した公家の花押もない点から、今では不正規の文書、つまり「偽勅」とされている。しかし、偽物だから効果は無いとは言えない。既に前年初めから薩長提携に土佐藩も加わり、着々と討幕へと進んでいた歩みが、この密勅で結束がより強くなったのは確かであろう。

◆王政復古のクーデター

ところが、秘密であったはずの勅書の存在を慶喜自身も知るところとなった。こうなれば、慶喜が打てる手は一つしかない。「大政奉還」（十月十五日、朝廷が許可）である。政権を握っているから排除される。政権を天皇に返上すれば、狙われる対象にはならない——との理屈である。

予想外の慶喜の動きは、薩長討幕派の出はなをくじいたが、復活した岩倉が早速、主導権を握り、西郷・大久保・桂小五郎らの討幕派は、十二月九日、最後の手段としてクーデター「王政復古の大号令」に打って出る。朝廷内のコンセンサスもない性急な行動は非難に値するが、形式上は慶喜の政権返上を受けた形にはなっている。新政の理想を「神武創業ノ始」に則《のっと》るべし――として「摂政・関白・幕府を廃絶し、代わって総裁・議定《ぎじょう》・参与の三職による新政府を樹立する」と宣言した。加えて、慶喜に対して内大臣の辞任と所領の没収まで命じた。この「辞官・納地」は慶喜を窮地に追い詰めた。いや正確には、冷静に事態打開を図ろうとする慶喜の沈着な判断を、薩長勢力に敵意を持つ身内の会津・桑名両藩などの旧幕府勢力の怒りが狂わせたと言った方がいいかもしれない。

実は、岩倉や薩長による王政復古のクーデターは成功したものの事態は、目論見通りには進まなかったのだ。このまま討幕できないどころか、穏健派の大名らが新政府に待ったを掛けていた。やがて幕府の失地回復が進み、四百万石の直轄領も残った上、慶喜が〝首相格〟に納まりそうな気配も漂い出した。これに危機感を抱いた薩摩革新派の大久保や西郷らが大ばくちを仕掛けてきた。既に大凶作のため社会不安にあった江戸でのゲリラ戦である。浪士や無頼の徒をかき集め、強盗や放火をやらせ、さらなる不安をあおった。これは幕府の統制力の弱体ぶりを世に知らしめる狙いがあった。加えて幕府の兵力を江戸にくぎ付けにし、京・大坂への集結を防いだ。

こうして圧力に耐えられなくなった幕府勢が薩摩に戦いを挑んでくる――。討幕派は、こんなシナリオを描いていた十二月二十五日、討幕派が待ち望んでいた事件が発生した。山形・庄内藩士が江戸の薩摩藩邸を焼き討ちしたのである。幕府は、まんまと作戦にはまってしまったのだ。当然のように幕府方では「この勢いで薩摩を討つべし」との声が上がる。大坂にいた慶喜もついに重い腰を上げざるを得なくなった。明けて慶応四（一八六八）年一月二日、軍を率いて京に向かった。翌三日、薩長を中心とする新政府軍が鳥羽・伏見で迎え撃ち、戊辰戦争に突入した――とするのが定説である。

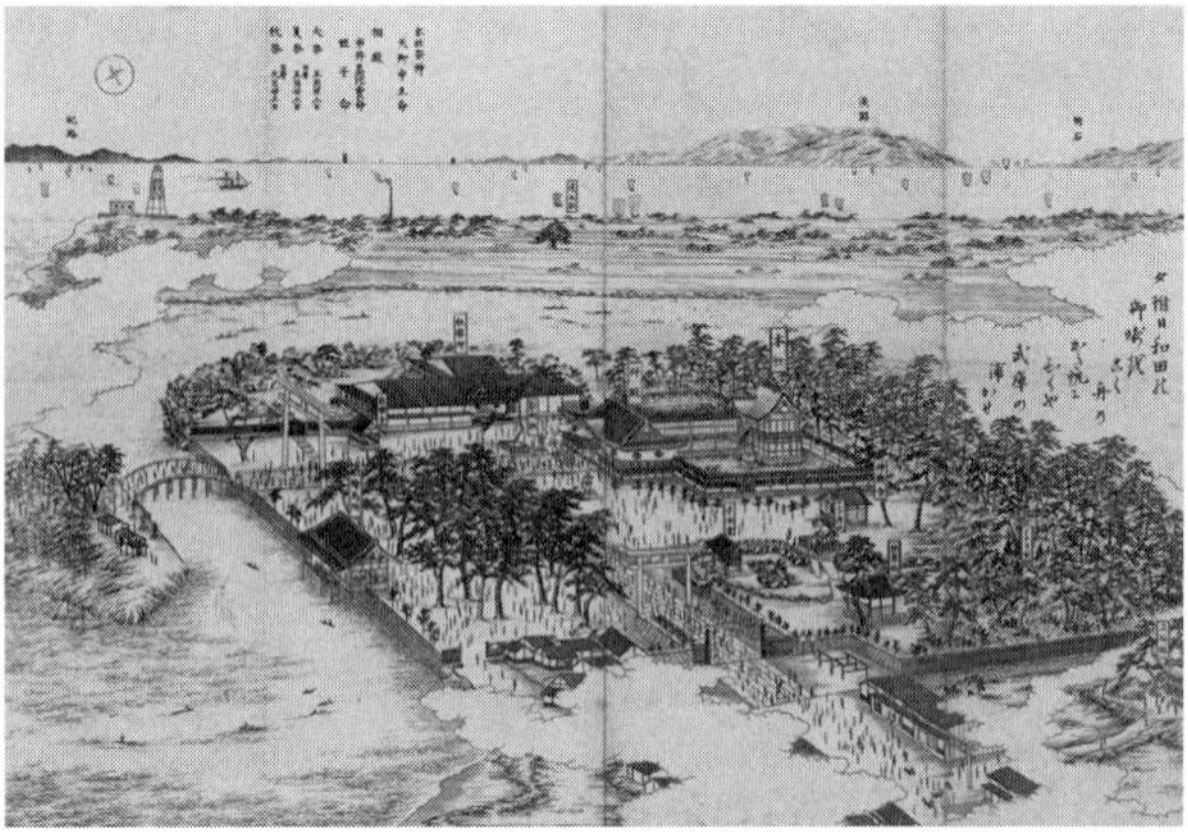

「兵庫和田御崎和田神社全図」。神社の向こうに港の様子や和田岬砲台、灯台が描かれている（神戸市立中央図書館所蔵）

◆兵庫沖の海戦

鳥羽・伏見で開戦する〝前夜〟、慶喜が京に向け大坂を進発した頃、薩摩の輸送船「平運丸」が江戸から古里に帰る途中、大坂に寄港したところを幕府艦船に砲撃されていたのだ。平運丸は慌てて港を脱出して西へと舵《かじ》を切った。幕府主力艦「開陽」と「蟠龍《ばんりゅう》」が追ったところ、平運丸は兵庫港に駆け込んだ。その直前、開陽が二発の大砲を放った。命中しなかったが、大きな水柱が上がった。港には薩摩の新鋭艦「春日丸」が停泊していた。前年暮れ、博多から「八月十八日の政変」で都落ちしていた七卿《しちきょう》のうち三条実美《さねとみ》や東久世通禧《みちとみ》ら五人の公家を大坂まで運んだ後、兵庫に寄港。もう一隻、江戸でゲリラ活動をした赤報隊隊長で、後に偽官軍とされ処刑されることになる相《さが》楽《ら》総三ら三十人を乗せた薩摩艦「翔凰《しょうおう》（鳳とも）丸」も幕府艦に追われて退避していた。

View from Suwayama, Kobe.
神戸諏訪山ヨリ市街ヲ望ム
明治中〜末期、諏訪山から望む神戸港

このとき集まった各船には後の大物が乗り組んでいた。開陽には、戊辰戦争の終わり「箱館・五稜郭の戦い」まで新政府軍に徹底抗戦した榎本武揚《たけあき》、春日丸には後の海軍元帥・東郷平八郎もいた。明けて三日、薩摩側から開陽に赴き、榎本に会って砲撃の理由を尋ねたところ榎本は「江戸の薩摩藩邸焼き討ち以後、幕府は薩摩とは縁を切った」と言い放った。港内に薩摩艦を封鎖したまま膠着《こうちゃく》状態が続くかとも思えたが、四日の明け方、幕艦が大坂へ移動した。京の戦況が思わしくないとの報が届いたためだろう。

このすきに薩摩の三隻は折からの濃霧に乗じて兵庫港を脱出した。平運丸は無事、薩摩へ帰ったが、不可解にも残る春日丸、翔凰丸の二艦は紀淡海峡を南下したところ、幕府の開陽に発見され、砲火を交えた。春日丸は何とか逃げたものの、翔凰丸は被弾がひどく、阿波・由岐浦（現徳島県美波町）にたどり着いたところで座礁、乗組員は船体を焼却して、藩に帰った。これが「兵庫沖の海戦」で、日本初の「蒸気軍艦同士の海戦」に位置付けられる。四日の紀淡海峡での戦いを「阿波沖海戦」とも言う。

異才・大鳥圭介と戊辰戦争

◆江戸城開城に反対

兵庫県内を舞台とした幕末・維新史を彩る人物の大半は、薩摩・長州の両藩士を中心とする新政府方にくみしているのに対し、例外的に幕府方の傑物もいる。神戸海軍操練所を設立した勝海舟を筆頭に挙げれば、次席には間違いなく大鳥圭介が入るだろう。

両者は共に明治新政府でも活躍したという共通点があるものの、大鳥が勝と決定的に違うのは、「江戸城開城」についての賛否である。勝が西郷隆盛と妥結し「無血開城」に踏み切ったのに対して、当時、幕府陸軍の最高幹部（老中一人、若年寄二人、歩兵奉行三人）である歩兵奉行（将官級）の職にあった大鳥は、幕府海軍副総裁の榎本武揚と共に断固、開城に反対した。この時点で同じ幕臣だった勝とは袂《たもと》を分かち、大鳥は旧幕府勢にあって

大鳥圭介＊

も新政府には恭順しない〝反乱軍〟的立場となる。以後、新政府軍ばかりか旧幕府恭順派をも敵に回し、榎本らと東北から蝦夷地（現北海道）へと転戦を続けていく。

◆錦旗で心理操作

戊辰戦争は慶応四年一月二日（一八六八年一月二十六日）夕方、兵庫沖の海戦で幕を開け、翌日、京都南部の鳥羽・伏見の戦いで本格化したかと思う間もなく、幕府軍はあっけなく敗退する。その後を追う。

両軍の兵力は、新政府軍が四千五百〜五千人、旧幕府軍は会津・桑名両藩兵を合わせると三倍以上の約一万五千人もいた。両軍、武器に大差はなく、どちらかと言えば旧幕府軍の方が最新型小銃などを装備していた分、有利と見られたにもかかわらず、初日は苦戦。翌日も淀方向への後退を余儀なくされる。なぜなのか。同等ないしはより新しい兵器を持ち、兵力にも勝っていたはずの旧幕府軍が、小銃の扱いに習熟していなかったとの指摘もある。しかし、最大の弱点は、どうにも上がらない「兵士の士気」と見られる。これには兵員の心を折る新政府軍の巧みな「心理作戦」があった。

「錦旗」の登場である。四日、朝廷は仁和寺宮嘉彰《にんなじのみやよしあき》親王を征討大将軍とし、錦旗・節刀を与えて出馬する朝命を下した。つまり薩長軍は「官軍」のお墨付きを得、逆に旧幕府軍は「賊軍」の汚名を着せられたのだ。これは一大事である。戦闘に参加している兵に加え、幕府方に付いていた諸藩も動揺した。それほど絶大な威力を発揮する錦旗とは一体、何なのか。辞書的には「赤地の錦に、日月を金銀で刺繍したり、描いたりした旗で、鎌倉期以後、朝敵を征討する際に官軍の旗印に用いた。錦の御旗とも」と定義される。

ところが、幕末・維新期にあっては、まず誰も錦旗というものを見た人はいない謎の旗であった。つまり偽物を見せられても判定不能をいいことに、新たに作らせた者がいた。新政府参与で慶応三（一八六七）年十二月二十七日から議定となり、年明けの九日からは副総裁を兼任するという重職にあった岩倉具視だ。旧幕府軍との戦に備え、錦旗の作成を思い立った。事を密かに進め、国学者の玉松操に錦旗のデザインを依頼、これを基に薩摩の大久保利通に材料を調達させ、長州の品川弥二郎に錦旗の製作を命じた。完成した錦旗の一部は朝廷に納められた。これが戊辰戦争で掲げられた錦旗の正体だ。見慣れない旗が錦旗と知らされた旧幕府兵は驚いた。というより、むしろ「恐れおののき、精神的に混乱した」と言った方がいいかもしれない。

一月五日、淀藩は錦旗に即反応し、賊軍となった旧幕府軍の入城を拒否、これに怒った幕兵は淀の城下町に火を放ち、八幡方向へ後退。翌六日は八幡・山崎で新政府軍を迎え撃った際、山崎（現京都府大山崎町）の砲台に駐屯していた岡山・津山藩から砲撃された。幕軍に対する淀藩の手のひらを返したような仕打ちは、親戚の尾張藩から「中立を守れ」との助言があったからだという。淀藩主・稲葉正邦は老中として江戸にいたが、急いで城に帰り、新政府軍に帰順、その証しとして藩兵四百五十人を差し出した。

こうして旧幕府軍は、山崎以東の京坂地域から撤退、大坂へと引き返さざるを得なくなった。それでも、まだ総兵力では上回っており、敗れたわけではない。しかし六日夜、決定的な事態が発生した。本来、陣頭指揮に当たらなければならない将軍慶喜が兵を置き去りにして大坂城から海路で江戸へ逃亡したのだ。これで緒戦の勝負は決まった。翌七日、朝廷から「慶喜追討令」が出るに及び、旧幕府は単なる賊軍では済まされず「朝敵」にまで落ちた。

◆江戸城無血開城へ

勢いに乗る新政府は次々と手を打つ。街道ごとに総督を任命して、山陰道と東海道（五日）、東山道（九日）、北陸道（二十日）に鎮撫軍を派兵した。その間、十日には、藩主が慶喜の共犯者とみなされた会津・桑名・高松・備中松山（岡山県高梁市）・伊予松山・大多喜（千葉県大多喜町）の各藩主の官位を剥奪し京屋敷を没収、後の三月七日には姫路藩が同類に追加された。さらに旧幕府軍に加わった疑いが濃いとして小浜《おばま》（福井県小浜市）・大垣・宮津・延岡・鳥羽（三重県鳥羽市）の各藩主を入京禁止とし、朝敵にも指定。ただし、大垣藩のように藩主が手回し良く十日までに謝罪と恭順の誓約を出していたおかげで、朝敵から免れた例もある。

十一日には改めて諸大名に「慶喜追討」を目的とした上京命令が出た。新政府は幕府寄りの藩に、恭順と引き換えに所領安堵《あんど》をする一方で、抵抗すれば朝敵として討伐する方針を突きつけた結果、西日本では親藩・譜代藩も含め恭順を表明する藩が相次いだ。鳥羽・伏見の戦いに関わり、いったん朝敵とされた藩でさえ、恥も外聞もなく赦免を求めるなど諸藩のうろたえぶりがうかがえる。中でも、慶喜とともに江戸に逃亡した桑名藩は迷走する。藩主留守の国元桑名で議論の末、無血開城に決まったのだが、一部の抗戦派が江戸に向かい、藩主松平定敬《さだあき》を擁して新潟・柏崎を経て蝦夷地に落ち延びた。この行動には事情がある。定敬が尾張藩主徳川慶勝と会津藩主松平容保《かたもり》の弟で、京都所司代も務めた家系からすれば、やむを得ない行動とも取れるが、「藩主の抵抗」があだとなり、桑名藩は石高を半減近い六万石に減封された。

こうして三月には近畿以西の諸藩を完全に支配下に置いた新政府は、一月五日以降、街道ごとにいち早く編成した鎮撫軍を東征大総督府の指揮下に置く。新たに組織した「東征軍」が、東山道・東海道・北陸道の三方に分かれ二月初旬、東進を開始した。当初、最大の山場は江戸城の攻防と見られたものの、新政府側の西郷隆盛と幕府の勝海舟の歩み寄りによって四月、両者戦わずして江戸城は新政府に接収された。しかし、この不戦で旧幕府軍が温存されたため、無血開城を不服とする彰義隊が上野に立てこもって抵抗したが、一日で鎮圧された。

◆幕府にとどろく実力の大島圭介

江戸無血開城に反対して徹底抗戦を誓った大島圭介や榎本武揚ら旧幕府反乱軍のその後を追う前に、大島圭介の生い立ちを知らねばならない。大島は、現在の赤穂郡上郡町岩木の医師の息子として生まれ、父も在籍した閑谷《しずたに》学校（岡山県備前市）で漢学・儒学・漢方医学を学んだ。帰郷後は蘭方医中島意庵《いあん》の助手となり、大坂の緒方洪庵の適塾で蘭学と西洋医学を習得後、江戸に出る。坪井為春塾で塾頭となった頃から軍学に関心が移り、西洋式兵学や写真術も修め、同時期に勝海舟の知遇を得る。江川英龍や高島秋帆らが教えた「縄武館」に兵学教授として招かれる傍ら、中浜万次郎（漂流しアメリカから帰国したジョン・万次郎）から直接英語を学んだ。

安政五（一八五八）年、服部元彰の紹介で故郷を領地とする尼崎藩に八人扶持で取り立てられ藩士となった。上郡と尼崎は随分離れているのになぜ尼崎藩かと誰もが疑問を持つだろうが、この裏には幕府の施政事情が横たわる。もともと西宮から兵庫津にかけての海岸線は同藩領で、菜種の栽培が順調に推移し、おまけにいわゆる灘五郷では酒造業も徐々に盛んになり、先進地の伊丹や池田に迫る勢いで伸びていた。そこに幕府が目を付けた。表向きは、「海防の要地」であるためとして一帯を直轄地に召し上げた。代替地として尼崎藩に与えたのが上郡など西播磨の領地であった。時に明和六（一七六九）年だったため「明和の上知」と呼ばれる。西宮から兵庫津界隈が幕府直轄領となってからも、摂海（大阪湾）の防備は引き続き、譜代である尼崎と岸和田の両藩が連携して取り組むよう命じられていた。

上郡の住民にとっては、恐らく尼崎藩領と言われてもピンと来ないまま飛び地での生活を送っていたと思われるが、上郡が尼崎藩である事実を大鳥が強く認識したのは「藩士」への推挙だっただろう。大鳥は、大砲の鋳造をはじめ砲台築造、洋式兵制の伝授と調練などに次々と実力を発揮した。

この頃から大鳥の博覧強記ぶりが近隣藩ばかりか幕府にまでとどろき、うわさを聞き付けた徳島藩の第十三代藩主蜂須賀斉裕から誘いがあった。まだ尼崎藩士になって間がなく、義理も感じた大鳥は、この話を断る。しかし諦め切れない徳島藩が尼崎藩に嘆願して大鳥の移籍をもぎ取った。さらにこれを追うように幕府から臨時の役職として練兵・製銃・築城の責任者も拝命する。やがて陸海軍の洋式化を急ぐ必要に迫られた幕府は、慶応二（一八六六）年、大島を幕臣（歩兵差図役頭）に取り立てた。

東大の前身の一つ幕府開成所の教授としてヨーロッパの新しい兵法書を次々と翻訳するなどして身に付けた学識は群を抜き、瞬く間に歩兵差図役、歩兵頭を経て歩兵奉行へと上り詰める。主に兵学の研究・教授に従事する傍ら、大島は全く異なる分野でも異彩を放つ。安政七（一八六〇）年、日本で初めての「大島活字」と呼ばれる合金製活版を作り、『砲科新編』を翻訳出版したのをはじめ多数の本を世に出した。また開成所教授を兼務した頃、「二院制議会」の採用を幕府に建言している先見性は注目に値する。

◆伝習隊で頭角を現す

そんな多方面で活躍中、いよいよ実戦を想定した兵力の組織に着手する。後に大島の手兵として遠く蝦夷地まで共に転戦することになる「伝習隊」である。しかし、集めたメンバーは精鋭には程遠い。元の職業もまちまちの寄せ集めの雑兵《ぞうひょう》であった。馬丁・陸尺《ろくしゃく》（駕

榎本武揚＊

籠かきなどの雑役夫）・雲助（荷物の運搬などに当たった無宿者）・博徒・火消しら荒くれ男たちばかり計三千人を四大隊に組織した。大鳥は歩兵隊長として士官教育を受け、慶応三（一八六七）年十月、歩兵頭並（佐官級）となり、翌年明け早々、歩兵頭、そして二月には陸軍の最高幹部の歩兵奉行（将官級）へと破竹の勢いで昇進した。ただし、鳥羽・伏見の戦いで敗れ、窮地に立った幕府の行く末を決める江戸城評定では、榎本武揚らと共に交戦継続を強硬に主張して、恭順派と真っ向対立、ついには幕府と決別した。

江戸が開城した慶応四（一八六八）年四月十一日、榎本らは伝習隊を率いて江戸を脱走した。新政府への軍艦の引き渡しに応じず、翌日、悪天候を理由に艦隊を館山沖へ移動したところ、恭順派の勝海舟の説得によりいったん品川沖に戻り、富士山丸・観光丸・朝陽丸・翔鶴丸の四隻を新政府に引き渡したものの、開陽など主力艦の温存に成功した。この時点では、大鳥・榎本軍団は決して孤立していたわけではなかった。会津藩はあくまで新政府への抗戦を貫き、やがて仙台藩や米沢藩など最大三十二藩が奥羽越列藩同盟を結成して支援していくことになる。

ただし、榎本艦隊の動きは不可解である。不本意な江戸開城後直ちに江戸を船で脱出したのはいいが、なぜか品川沖で停泊を続ける。幕府の味方を続ける会津藩を救済するつもりなら、列藩同盟の結成を待つまでもなく直ちに東北へ向かうべきだったにもかかわらず一体、何をしているのだろう。実は、当時の榎本には徳川家の行く末が最大の気懸かりで、慶喜が謹慎を命じられ、代わって御三卿の一つ田安家出身の家達《いえさと》が徳川宗家を継いだ後の徳川処分案がまだ決まっていなかったからだ。

五月二十四日、家達に駿府七十万石が与えられる決定が下った。それでも榎本は動かなかった。理由ははっきりしない。結局、四カ月も停泊した末、榎本艦隊はようやく北へ進路を向け江戸を出航する。旧幕府艦隊は当時、東洋一とも称されていただけに、榎本艦隊がもう少し早く、五月末にでも会津と東北救済に急行しておれば、列藩同盟が安々とは崩壊せず、戊辰の戦局も有利になり、「蝦夷共和国」の夢がかなっていた可能性もあったはずである。最初のボタンの掛け違いが、後に数々の不運をも呼び込み、最後まで尾を引いてしまったのは、何とも歴史の皮肉としか言いようがない。

戊辰戦争の終結と大鳥圭介のその後

◆フランス流戦術と蝦夷地への敗走

戊辰戦争が勃発して七カ月を経た慶応四(一八六八)年八月十九日、江戸城開城から四カ月以上もの間、江戸沖に停泊し続けていた榎本艦隊は、満を持して、というよりようやく、重い腰を上げた。開陽を旗艦として八隻からなる旧幕府の反乱軍艦隊(開陽・蟠竜・回天・千代田形の軍艦四隻と咸臨丸・長鯨丸・神速丸・美賀保丸の輸送船四隻)が品川沖を離れ、東北・仙台を目指した。艦隊には、陸軍奉行並松平太郎らの重役のほか彰義隊の生き残りと人見勝太郎らの遊撃隊、旧幕府軍事顧問団だったブリュネとカズヌーヴといったフランス軍人ら総勢二千人以上が乗船していた。

榎本艦隊が江戸沖にいつまでも停泊し続けたのとは対照的に、大鳥圭介らは即行動し、

〝陸戦隊〟として陸路、各地で転戦しながら北上していった。江戸・浅草報恩寺に旧幕軍五百人を集め、現千葉県市川市で新選組の土方歳三らと合流、兵は総勢二千人余りにも膨らんだ。大鳥軍は、仙台に駐屯する新政府の奥羽鎮撫総督府の背後を脅かし、江戸との連絡・補給路を断って東北諸藩の援護射撃をする作戦だった。近代戦を習得した伝習隊と剣技で白兵戦を得意とする新選組を加えた大鳥隊は強力だった。現栃木県小山《おやま》市での三度の戦闘に全て勝利。フランス流の巧みな用兵術を見せ、まさに戦術家大鳥の面目躍如たる働きだった。続く宇都宮城の奪取で土方が活躍した辺りまでは順調だった。しかし、敵には薩長以外にも西国雄藩の兵が幾らでも控えており、次々と投入されてきた。

六月二十二日、援軍として播磨から明石・小野・三日月（現佐用町）の三藩兵計百八十五人も動員され、東北戦線で新政府軍の一翼を担い、十一月、京都に凱旋した。こうした兵員の補充に加え、新政府軍との明らかな違いは、幕府反乱軍には武器弾薬の補給が十分に受けられない点だった。そして何より目算が外れたのは、頼みとした列藩同盟の勢いが結成後しばらくから徐々に薄れていき、各藩に温度差が生じ始め、やがては大勢が恭順へと流れていった事実だ。最後には会津藩だけが残った。ついに白河の関を突破した新政府軍が七月末に二本松城も落とした頃から、仙台・米沢両藩の動きが怪しくなってくる。その頃、大鳥隊の弾薬が底を突いたのとほぼ同時に、新政府軍は奥羽鎮撫軍との連絡・補給を回復していた。

八月、会津藩の要請を受けた大鳥軍は果敢に進軍、四散しながらも米沢で補給を受けて会津に向かおうとしたところ、頼みの米沢藩は既に寝返り、最後の望みをかけた仙台藩も恭順を受け入れようとしていた。さすがの大鳥もあきらめかけた。が、運よく榎本が軍艦四隻と多くの輸送船を引き連れ、仙台まで来ていた。そこへ会津開城・降伏の知らせが届く。もはや幕府反乱軍の味方ではなくなった東北で、ぐずぐずしてはおれない。「追手が迫るまでに蝦夷地へ逃れよう」との榎本の提案に大鳥も同意し、土方も従った。

榎本艦隊は、八月二十日、品川沖を出航した翌日からの悪天候で船団が離散し、咸臨丸・美賀保丸の二隻を失った。それでも九月中頃までに仙台藩東名《とうな》浜（現宮城県東松島市）沖に集結した。しかし列藩同盟の崩壊を知り、幕府が仙台藩に貸与していた輸送船二隻を取り戻し、大鳥らの伝習隊、土方、それに仙台を脱藩した額兵隊などの兵らも榎本艦隊に合流した。この中には国元の恭順派に抗った桑名藩主松平定敬《さだあき》、備中松山藩主板倉勝静《かつきよ》、唐津藩世子の小笠原長行《ながみち》らもいた。

榎本艦隊は官軍の仙台城入城を受けて、十月九日、新政府の平潟口総督四条隆謌《たかうた》に「旧幕臣の救済のため蝦夷地を開拓したい」とする嘆願書を提出した。実は、この嘆願内容が榎本や大鳥が蝦夷地に向かう大義だった。新政府が決めた通り、徳川家を駿河・遠江の二国七十万石に減封すれば、八万人いる幕臣の多くは路頭に迷う。そんな旗本らを蝦夷地に移住させ、北方の防備と開拓に当たらせようとしたのである。後の明治七（一八七四）年に制定される「士族屯田兵」構想の先取りとも言える妙案だが、返答のないまま官軍が石巻まで迫ったため、明治元（一八六八）年十月十八日、榎本艦隊は蝦夷地に向け仙台を出港。三日後、箱館の北、内浦湾に面する鷲ノ木に約三千人が上陸した。

◆箱館を占拠、蝦夷地平定

新政府と旧幕府反乱軍との戦いは蝦夷地に移った。新政府軍の主力部隊は、まだ本州から着いていない。新政府誕生以前の蝦夷地は、松前藩領と幕府直轄領に分かれていたが、新政府は幕府直轄地を管轄していた箱館奉行に代わって箱館府を置いて幕府領を接収した。

しかし藩と府の兵力は少ないため府当局は慌てて新政府に援軍を要請。津軽海峡を南へ隔てた弘前藩から四小隊が十九日に、たまたま秋田に入港していた福山藩兵約七百人と越前大野藩兵約百七十人が二十日に、相次ぎ箱館に到着して旧幕府軍を迎え撃った。

旧幕府軍は上陸後、大鳥隊と土方隊が二手に分かれて箱館へ向けて進軍するが、無用な戦闘を避けるため箱館府知事に使者を派遣。新政府への嘆願書を携えた三十人が先行した。ところが二十二日夜、宿営中、同府軍の奇襲を受け、戦端が開かれてしまった。二十四日、大鳥・土方両軍は各所で箱館府軍を撃破した。その敗戦を受けて同府知事は五稜郭の放棄を決め、新政府軍は翌日、青森へ退却した。こうして旧幕府軍は二十六日に五稜郭へ無血入城し、榎本艦隊が箱館に入港、同地を占領した。

旧幕府軍は、兵員が手薄な箱館府軍に勝利、蝦夷地を本拠とする松前藩の城も落としたが、城兵は焦土作戦を展開し、江差方面へ敗走した。十五日、江差に迫ると、支援に来ていた艦船「開陽」を中心とする旧幕府海軍によって無血占領されていた。しかし、天候が急変、開陽も神速丸も座礁、開陽は間もなく沈没し、旧幕府軍は制海権を失い、新政府軍の蝦夷地上陸を許した。それでも松前藩主が逃げ込んでいた館城を攻略。藩主は船で弘前藩へ逃亡、残った藩士約三百人が投降した。箱館府、松前藩両軍の撃退により、旧幕府軍の蝦夷地平定は完了した。

◆戊辰戦争の終結

十二月十五日、旧幕府軍は「箱館政権」を樹立。選挙によって総裁となった榎本が先の一日、英・仏の軍艦に託していた「蝦夷地の開拓を求める嘆願書」は、両国公使を通じて受領した岩倉具視が十四日、却下した。旧幕府軍による箱館占拠の通報を受けた新政府は、直ちに各藩から集めた兵員計約千人を青森に送る一方、十一月十九日には「旧幕府軍追討令」が出されたが、慣れない厳冬の戦いを避け、箱館征討は翌春の雪解けを待って開始することとして新政府軍は青森周辺に駐屯した。

明治二（一八六九）年が明けると新政府は蝦夷地攻略へ着々と準備を進める。最新鋭の装甲軍艦「甲鉄」をアメリカから買い入れるとともに、諸藩から軍艦を集めて艦隊を編成。三月九日、軍艦、輸送船各四隻からなる新政府軍艦隊が品川沖を出航した。実は、この舶来新鋭艦が決定打となり、新政府軍を有利に導く。加えて、旧幕府軍が嵐に見舞われるなどの不運も重なり、この時点で勝負は決まったも同然となった。

迎え撃つ旧幕府軍は、新政府軍艦隊が宮古湾に入るとの情報を受けて軍艦三隻を出航させたが、暴風雨に遭った上、蒸気機関のトラブルなども重なり、宮古湾での作戦は失敗した。一方の新政府軍は四月九日、現乙部町に上陸。早々に江差を奪還し、松前の戦いも制した。旧幕府軍は総崩れとなり、大鳥も箱館方面へ敗走。土方が率いる衝鋒隊と伝習隊も五稜郭への撤退を余儀なくされた。

五月十一日、新政府軍が総攻撃を開始、海陸両方から箱館に迫った。旧幕府軍が圧倒的不利な戦況の中、十一日の海戦では一隻残っていた蟠竜が新政府軍の朝陽を撃沈したが、砲弾が尽き、蟠竜も座礁、乗組員は上陸して弁天台場に合流した。大鳥が五稜郭北方で伝習歩兵隊、遊撃隊、陸軍隊などの指揮を執ったものの、十一日早朝、新政府軍四千人が押し寄せた。

陸軍参謀黒田清隆率いる新政府軍が夜陰に紛れて箱館山の裏側に上陸、夜明けまでには箱館山を占領した。やがて箱館市街も制圧し、十二日には五稜郭に新鋭艦船「甲鉄」からの艦砲射撃が始まり、旧幕府軍に死傷者が続出、脱走兵も相次いだ。同日夜、黒田は榎本

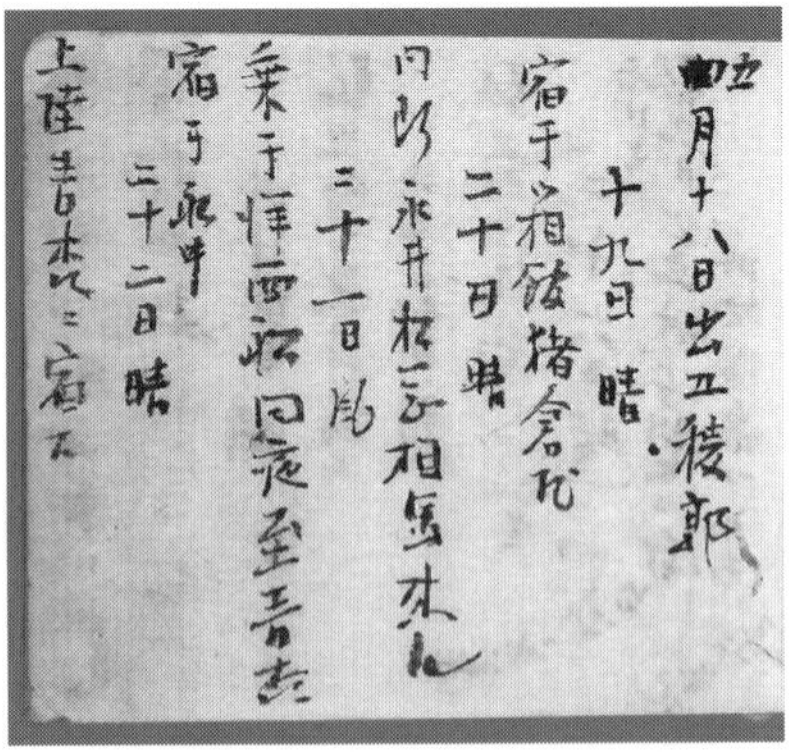

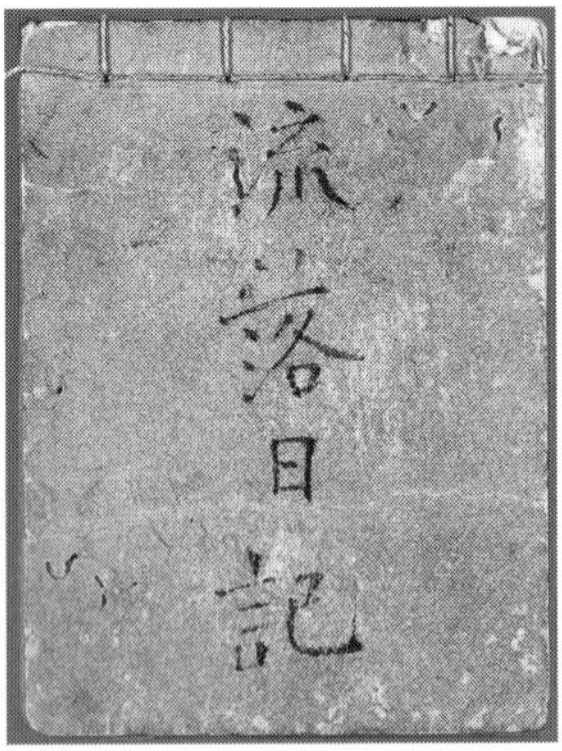

五稜郭開城から千住に着くまで護送の様子をつづった大鳥圭介の記録「流落日記」＊

に降伏を勧告した。榎本は十四日、拒絶したが、オランダで入手した『海律全書』を黒田に届けさせた。翌日、新政府軍の捕虜を送り返した。十六日、黒田は礼状と共に清酒五樽・マグロ五尾を五稜郭に贈った。榎本はこれを拝受し、同日夕、榎本側から使者を送り、返礼と翌朝七時までの休戦を願い出た。この間、榎本らは合議の上、降伏を決めた。同夜、榎本は敗戦の責任と、兵士の助命嘆願のため自刃しようとしたが、仲間に制止された。

　翌日朝、榎本ら旧幕府軍幹部は黒田らと会見し、幹部の服罪と引き換えに兵士への寛大な処置を嘆願した。しかし、黒田は有能な人材の助命が困難になると拒否。これを受け榎本は無条件降伏に同意した。十八日早朝、榎本ら幹部は亀田の屯所へ改めて出頭し、昼には五稜郭を開城。郭内の兵士約千人が投降し、武装解除も完了。箱館戦争を含む戊辰戦争は終結した。降伏した旧幕府軍の将兵は、箱館の寺院などに収容後、弘前藩などに預けられ、ほとんどが翌年釈放された。榎本、大鳥ら計七人の幹部は、東京辰の口（現千代田区丸の内）の軍務官糾問所の牢獄に投獄されたが、約二年半後の明治五（一八七二）年一月八日、特赦により出獄した。

上郡町役場前に立つ大鳥圭介の像

◆新政府に仕えた大鳥

能力を高く買われた大鳥は新政府に仕え、欧米各国を開拓機械の視察と公債発行の交渉のため歴訪後、技術官僚として殖産興業政策に貢献した。工作局長時代、官営工場を総括し、セメントやガラス、造船、紡績などのモデル事業を推進するなどインフラ開発のほか、水利・ダム技術の紹介などに努めた。学習院院長兼華族女学校校長など教育関係の役職も歴任。

さらに外交官に転じて駐清国特命全権公使、朝鮮公使も兼任、大院君に朝鮮の近代化を建言したことが内政干渉として、反日派から発砲を受けるなど日清戦争直前の困難な外交交渉に当たった。帰国後、枢密顧問官に転じ、男爵を授けられた。明治四十四（一九一一）年、神奈川県小田原市国府津《こうづ》町の別荘で食道がんのため死去。享年七十八。明治政府で海軍卿、文部・外務の両大臣などを務めた同志の榎本は三年前、七十二歳で亡くなっている。

このように榎本とともに大鳥は、戊辰戦争最後の戦いまでしつこく抵抗の末、降伏した敗軍の幹部であったにもかかわらず、敵に当たる新政府に取り立てられ、薩長出身の本流人脈に伍して要人にまで出世を果たした。なぜなのか。その理由を一言で表せば「高い能力の持ち主を戦犯として処刑するのは惜しい」と新政府が判断したからとなろうが、単にそれだけではなさそうである。まず考えられるのは「出自」。

もともと大鳥家は医者の家系。学問習得の一環で西洋医学につながる蘭学を学ぶうち身に付けたオランダ語と、中浜万次郎（ジョン・万次郎）直伝の英語を武器に洋書を次々と読破した結果、医学のみならず物理・砲術・築城術・兵制など、兵学を中心に理工系の幅広い知識を持つ学者となった。やがて尼崎藩士となり、徳島藩士を経て幕臣へと形の上では「武士」の身分となる。さらに兵学者を経て幕府反乱軍に属してからは「幹部軍人」へと転じる。しかし、数ある大鳥の肩書で最も彼らしいのは、やはり「学者」であり、武士や軍人で代表させるには無理がある。大鳥が根っからの武人ではない証しが知れる出来事が戊辰戦争の最終局面であった。打開不可能な追い詰められた戦況に際しての決断である。絶望した榎本が「自決」を決意したのとは対照的に、大鳥は次善の策として「降伏」を選んだ点である。大鳥の頭には、戦犯として処刑される恐れを抱きつつ、赦免を得て新たな人生が開ける可能性にわずかな光を見ていたのではないか。その根拠として、新政府軍の幹部である黒田清隆や大山巌らは、江川太郎左衛門の韮山塾などで教えた弟子たちであったことも計算に入っているはず。

さらに大鳥の後押しをしたと思われる重要人物に伊藤博文がいる。伊藤は、大鳥の赦免後、共に欧米各国へと渡った留学仲間でもあり、それ以前も当時の日本には珍しかった英語に堪能な者同士としても縁を感じていただろう。大鳥は幕臣となり、幕府が滅びてからも執着し、新政府に盾突いた点では「反薩長」に分類されるが、幕末の京都で志士らと直接、角突き合った政敵ではなかったことも新政府に受け入れられる要因の一つに数えられよう。加えて、負けてもくじけず、少々の事では動じない泰然自若ぶりと相まって、明るく楽天的で敵を作らなかった人間性も、多少は関係しているのかもしれない。

こんな大鳥だが、半沢裕人著『幕末風雲児　大鳥圭介伝　けいすけじゃ』、高崎哲郎著『評伝大鳥圭介　威ありて、猛からず』、星亮一著『大鳥圭介』、伊東潤『死んでたまるか』などの伝記が出版される近年までは、決して評価が高いとは言えなかった。例外は、共に故人で京唄子とコンビを組んだ人気漫才師の鳳啓助ぐらいだろうか。鳳は太平洋戦争に従軍した際、大鳥の「無駄には死なない」人生に感激して自らの芸名にしたという。

かつて大鳥が低く見られてきた最たる要因は、司馬遼太郎の『燃えよ剣』（一九六四年刊）で、土方歳三の引き立て役として愚将扱いされて以来と思われる。さらに古く山崎有信（山県有朋の曽孫・山県有信は別人）著『大鳥圭介伝』（一九一五年刊、一九九五年復刻版刊）に「東京より仙台に至るまで大小数十戦、仙台から五稜郭に至り数戦を試みたが、一度として自らの指揮した場合に戦いに勝ったことはなし」とあるのは、「俺は、戦で人を遣わすと勝つが、自分が戦うと連戦連敗、負けっ放しだったよ」などと、自らの失敗を自虐的に粉飾した上、面白おかしく語ってきたことが伝記や小説などの文献に引き継がれ、拍車を掛けているのかもしれない。「常敗無勝」とも言ったらしいが、勝った記録は幾つもあり、事実ではない。もともと後方で参謀として大局的見地から断を下す「戦略家」であるのに、敗北が濃厚な不利な戦闘を最前線で指揮せざるを得なかったケースも多く、不運にも敗れた責任を問われ、「無能」呼ばわりもされた。「戦術家」の土方と同じ土俵で論じるのは大鳥には酷だろう。

初代兵庫県知事・伊藤博文

◆伊藤知事の「仕事」

　初代兵庫県知事を務めた伊藤博文は、政治家としての功績が極めて多く、しかも幅が広い。その結果、知事に就いていた職歴はほとんど無視される。ただ、ごく例外的に語られるのは、当時、花街として殷賑を極めた神戸・花隈《はなくま》での様子である。芸者遊びが好きで、入り浸ってもいたが、妻の梅子は一切、目くじらを立てなかった。それは、妻自身も山口県下関市で「お梅」と名乗る馬関芸者だったから、経験に照らしての太っ腹だった。それが兵庫県知事時代である――。同県知事時代の伊藤が語られるのは、ほぼこうした文脈ばかりと言っても過言ではない。これでは、知事を単なる名誉職として何も仕事をせず、遊んでばかりいたとの印象しか残らない。伊藤が気の毒だ。実は知事時代、全国的に注目された『兵庫論』と称する、政府への建白書を発表していたのである。

伊藤が神戸に在任したのは、わずか一年足らずではあったが、夜遊びをする時間をどうやって捻出したのか不思議なくらい、手を着けた仕事は多い。『兵庫論』と併せて事績を検証する。その前に何かと誤解されがちな明治初期の地方統治機構を整理しておきたい。

◆兵庫御役所→兵庫鎮台→兵庫裁判所→兵庫県

伊藤博文＊

江戸時代の統治は、国土の四分の三を各藩領が占め、残りのほとんどは、旗本領を含む幕府領とした。さらにごくわずかが天皇・公家・寺社などの領地だった。幕末となり、最後の将軍徳川慶喜が大政奉還として、長く担ってきた政権を朝廷に返上。続いて王政復古の大号令が下り、政権が事実上、朝廷に移った。薩摩・長州の両藩が朝廷と組み、新政府が発足した。この流れに納得できない旧幕府方が新政府に宣戦布告し、戊辰戦争に突入したが、緒戦の京都・鳥羽伏見の戦いで敗れ、慶喜を先頭に幕府役人が江戸に逃げ帰り、江戸城を無血開城した。しかし、これを不服とする榎本武揚や大鳥圭介、土方歳三ら旧幕府反乱軍が戦いを継続、北海道の箱館（函館）・五稜郭の戦いで、新政府が勝利を収め、戊辰戦争が終わった。

幕府から新政府に政権が移る流れの中で、慶応四（一八六八）年五月に最初の兵庫県（第一次）が誕生するのだが、三年後の明治四（一八七一）年七月の廃藩置県で「藩から移行する県」と区別するため筆者は、廃藩置県に先んじて成立したことから大阪府や兵庫県などを「先行府県」と呼んでいる。

では、先行府県の前身は何か。一部の例外を除き、幕府直轄領である。戊辰戦争の緒戦で敗退した幕府が放置した地方統治の拠点を新政府軍が占拠、改めて新役所を置いて民政を敷いたのが先行府県なのである。ただし「府県」なる呼称は試行錯誤の末に行き着いた結果で、兵庫県になるまでの名称が三種ある。慶応四（一八六八）年一月十五日、現神戸市兵庫区島上町の諸問屋会所に置いた仮事務所「兵庫御役所」に始まり、十九日には同区切戸《きれと》町の旧大坂町奉行所兵庫勤番所へ移転、二十二日「兵庫鎮台」に改称、さらに二月二日「兵庫裁判所」への改称を経て、五月二十三日（新暦七月十二日）に晴れて「兵庫県」となった。軍隊を思わせる鎮台も、司法の場にしか見えない裁判所も、現代では考えられない紛らわしい命名だが、いずれも行政を中心とする機関であった。

ちなみに江戸期の近畿一帯には藩も多数あり、その間を埋めるように幕府領などが入り込む「細分化入り組み支配」により、全体として天領色が強かっただけに当然、先行府県も多い。兵庫県を含め発足の早い順に挙げると、①京都府・大津県（慶応四年閏四月二十五日）②久美浜県（二十八日）③大阪府（五月二日）④奈良県（十九日）⑤兵庫県（二十三日）⑥堺県（六月二十二日）となり、発祥は兵庫県と同類だ。

最初の兵庫県庁の地碑

◆伊藤の生い立ちと履歴

さて、伊藤博文の話である。天保十二（一八四一）年九月、周防国（山口県）の農民の子として生まれたが、父親が下級武士・中間《ちゅうげん》の養子となったため、自身も満二十一歳で士分（当初は準士雇）となる。松下村塾に学び、イギリス公使館焼き打ちに参加するなど尊王攘夷運動に参加したが、文久三（一八六三）年、長州藩の秘密留学生としてイギリスへ。帰国後は開国を唱え討幕運動に転じる。維新後は新政府に仕え、明治四（一八七一）年、岩倉具視を全権大使とする遣欧米使節団の全権副使となる。大久保利通の没後、内務卿となり、同十四年の政変で政府の実権を握る。内閣制度を創設して同十八年、初代の首相となり、以後四次にわたる内閣を率いた。枢密院の設置、大日本帝国憲法の制定など、天皇制近代国家の枠組みを作った。条約改正を実現し、日清戦争後、下関で調印された講和条約では、共に兵庫県知事を経験した陸奥宗光と日本側全権として難しい交渉に当たった。三十三年、政友会を創立して総裁に就任。三十八年、日露戦争後、韓国統監府の初代統監となり韓国併合を進めた。四十二（一九〇九）年十月二十六日、満州ハルビン駅（現中国・黒竜江省）で、「東洋平和論」を唱える韓国の独立運動家安重根に暗殺された。公爵。享年満六十八。

◆兵庫県誕生で知事に

その伊藤は、神戸が開港した一カ月余り後の慶応四（一八六八）年一月十一日に発生した「神戸事件」を契機に、四カ月後に誕生する兵庫県との関わりができる。イギリスへの留学が物を言い、国際慣例（万国公法）を無視すれば日本がどうなるかを先読みしていた。頭にこびりついていたのは、イギリスに向かう途中に立ち寄った中国・上海で見た、奴隷のように扱われる惨めな清国人の姿であった。阿片戦争に負けた結果と知り、強い衝撃を受け、後に「神戸事件の扱いを誤ると、清国の二の舞いになる」との強い危惧《きぐ》となった。伊藤は当時、新政府で参与兼外国事務取調掛だった東久世通禧に事態を知らせ、事件解決に向かう道筋を付けたのだった。

神戸で初めて正式な肩書を得たのは、兵庫鎮台時代。東久世が実質的責任者で外国事務総督を兼務していた頃、伊藤は英語力と行動力を見込まれ、東久世の下で参与兼外国事務掛を拝命した。改称後、東久世が兵庫裁判所総督に任命され、摂津・播磨・河内の旧幕府領谷町代官支配地の統治を任されると、伊藤は外国事務局判事に昇任した。

そして、いよいよ兵庫県（第一次）の誕生とともに知事に就任するのである。明治四（一八七一）年十一月の第二次県発足までの三年半を便宜上、第一次県とするが、この期間中も離合集散が激しく、時期により管轄領域はかなり異なる。とはいえ、当初は神戸港周辺と、各地に点在する旧幕府領の集合体だった。県庁舎も現在とは異なる。兵庫区中之島辺りにあった旧兵庫城跡で、江戸期には尼崎藩の兵庫陣屋となり、さらに明和六（一七六九）年の上知令で幕府領となって以降は、同陣屋を大坂町奉行所兵庫勤番所に改装していた。新政府発足後、臨時の諸問屋会所の後を受け、この勤番所が兵庫御役所—鎮台—裁判所を経て初代兵庫県庁舎に流用、引き継がれていった。

しかし明治の新時代に「江戸期の勤番所はないだろう」との声から、同年九月に現在の

明治35（1902）年に築かれたころの兵庫県庁（現兵庫県公館）

神戸地方裁判所の地点（中央区橋通二丁目）に移り、明治六（一八七三）年には下山手通四丁目のオランダ領事コルトハウス邸を購入して三代目県庁舎とした。明治三十五（一九〇二）年、その隣接地に山口半六の設計により庁舎を新築、これが現県公館に受け継がれている。戦災による焼失で、旧県立第一高等女学校（県立神戸高校の前身校の一つ）の校舎など、各地に散る〝タコ足〟庁舎を経て、昭和三十九（一九六四）年以降、順次に現在の庁舎が整えられた。

◆さまざまな施策

慶応四（一八六八）年五月に初代兵庫県知事に着任した伊藤博文は、二ツ茶屋村、現在の中央区花隈町三丁目の庄屋・橋本藤左衛門の別邸「橋本花壇（後の料亭吟松亭）」に住む。付近は、明治期から昭和四十年代まで華やかな飲食街で、最盛期は料亭・お茶屋・仕出屋などが百二十軒以上軒を並べ、芸者も千人近くいたという。こうした住環境から「遊び人」説が出たと思われるが、どうも事実らしく、没後、財産をほとんど残さなかったのは、その証しとされる。

それでも知事としての伊藤の仕事ぶりは、とても一年足らずとは思えないほど超人的である。第一に国際港湾を意識した「貿易振興」を促進するため、工事が中断していた外国人居留地造成を再開させ、知事就任前、西ノ町海岸（後のメリケン波止場西）に第二の兵庫（西）運上所（税関）を造った。イギリス留学で語学の重要性を誰よりも認識していたため、官吏に外国語を身に付けさせようと、居留地西端、現中央区西町の三菱ＵＦＪ信託銀行神戸ビル辺りに「洋学伝習所（英学校）」を開設。また宇治野村（現同区下山手通七丁目）に今の障害者支援施設に当たる「貧院」を建設。さらに「神戸病院」（現神戸大学付属病院）を創設し、同病院には後に付属医学所（後の神戸医学校、神戸大医学部）も併設される。ただ資金難に苦労したようで、寄付金を集めた際の帳簿「病院購金録」には、その頃の「伊藤俊介」の署名が残り、先頭に立って旗を振った様子がしのばれる。

◆先取りし過ぎた『兵庫論』

神戸での事績の極め付きは、いわゆる『兵庫論』だろう。正式には『国是綱目』という郡県制の建白書で、明治二（一八六九）年一月に県幹部三人（中島信行・田中光顕《みつあき》・何礼《がのり》之《ゆき》）と大阪に赴任中の会計官権判事《ごん》の陸奥宗光（後に四代兵庫県知事）とともに政府へ提出した。だが、無視、あるいは一部内容に反感さえ持たれた、いわく付きの論文だ。伊藤の在任がわずか十一カ月に終わったのは、当建白書がきっかけともされ、実際、同年四月十日に辞職する。

『兵庫論』とは、どんな内容なのか。キーワードを抽出すると、①文明開化の政治　②中央集権により朝廷の法令を全国一律に布告　③他国に信義を示し国威発揚　④四民平等、職業・居住の自由　⑤身分・居住地を問わない教育の実施　⑥貿易産業の振興と攘夷の廃止――となろう。一部を除けば時代を超えて通用するが、王政復古からでも新政府発足後まだ一年にしかならない明治二年一月時点では、時期尚早感は否めない。政府としては将来的に廃藩置県をにらみつつも、不安の方が大きかったはず。各藩が一斉に反発し、束になって政府に攻め込んでくる危険が潜むからである。このため「府藩県三治制」という中間的な中央集権制で、旧藩主を「知藩事」という形だけの地方官に位置付け、バランスを取りながら先行府県と共存させていたのが当時の現状だった。伊藤の建白は、暗に「いつまでも藩を維持するべからず」と力説する性急さのため、政府に受け入れられなかったのだろう。

そんな国政の理想像追求に燃える伊藤が兵庫県でやろうとした「まちづくり」は、一体どのようなものだったのだろう。神戸大学名誉教授だった米花稔《べいか》（経営学）が、かつて神戸新聞に「伊藤県政」の五つの特徴を記している。要約すると、次のようである。

①新興の都市としてのまちづくりが、多様な人々の関わり合いの中で進められた　②古くからの都市（兵庫）に、新しい機能によって規模の大きい新しい部分（神戸）が加わる時の新旧対立の恐れを、新旧都市の接点を中核に据えて克服し、一体として発展できた　③区画整理という手法を用い、地元民自らまちづくりを始めた　④まちづくりに必要で、かつ厄介な公的事業の幾つかを、資金の乏しい中で他からの思惑を防ぎつつ進めるため、株式会社制度の活用で一種のシステム化を工夫した　⑤港湾都市で港湾関連の産業をもって、経済変動の振幅がとりわけ大きいことによって、このような難題が結果的には市民生活の安定・福祉向上についての極めて特徴的な取り組み方の創出に至った——。

米花は②に記される、兵庫と神戸が旧湊川で分断されていた当時の状態を捉え、「旧湊川（今日の新開地）と宇治川との間、当時の坂本村など新旧の中間地域をこれからの都市の中核として、ここに次々と公共的施設を設置するという工夫をした。このことは神戸の歴史の中で印象深い部分の一つである」と記し、伊藤の業績をたたえている。

◆伊藤の銅像

そんな伊藤の足跡は、神戸を去って百五十年になっても比較的残っている。造成を再開・完成させた旧外国人居留地の町名に「伊藤町《まち》」、大倉山公園には銅像跡がある。もともとこの地は、近くの寺院名から安養寺山と呼ばれていた。そのうち約八千坪（約二万六千五百平方メートル）の土地を、一代で財閥を築いた大倉喜八郎が買い取り、広大な別荘を建てた。やがて大倉山の呼称に変わった。ここに知人の伊藤がしばしば滞在し、感慨を「昼夜涼風不断、神戸第一の眺望且避暑地に有之」と、した

金属供出前の伊藤博文像（大倉山公園）

ためた。

伊藤が明治四十二（一九〇九）年十月、満州ハルビンで射殺されたため、二年後、大倉は山の頂上に銅像を建てて公園とし、市民に開放する条件で、土地と別荘を神戸市に寄付した。この銅像は高さ三メートルあり、フロックコートを着用した伊藤が、自身が起草の中心となった大日本帝国憲法草案を手にしていた。その後、現在地に移され、昭和十七（一九四二）年、金属供出により姿を消した。台座は九・一五メートル四方で高さ五・七メートル。設計は、京都大学の時計台や京都府立図書館などを手掛け、「関西建築の父」と呼ばれた武田五一。重厚な意匠は、弟子の一人、吉武東里が国会議事堂の設計をした際、デザインを屋根に取り入れたとされる。

大倉山公園に残る銅像跡（上）と説明板

実は大倉山の銅像は二代目で、初代は明治三十七（一九〇四）年、伊藤が六十三歳のとき、湊川神社本殿横に設置された。だが翌年、日露戦争の講和条約の内容に不満を募らせた民衆に引き倒されて姿を消していた。大倉山の銅像跡は平成三十（二〇一八）年七月、県政百五十年を記念して神戸市が周辺を整備した。周囲の植栽を刈り込んだ上、台座へのアプローチを作り、高さ約二メートルあったフェンスを一・二メートルの見やすいものに新調、建造当時の写真入りの説明板も完備した。

◆目まぐるしく変わる県域

伊藤が去った後の兵庫県は、引き続き第一次に位置付けられるものの、領域は刻々と変わり、最後には「稲田騒動」のあおりで、徳島藩だった淡路島の北部の津名郡四十三カ村が編入されもした。県域の変動もさることながら、知事も目まぐるしく変わっていった。伊藤の後を受け、久我《こが》通城《みちき》・中島錫胤《ますたね》・陸奥宗光・税所《さいしょ》篤・中山信彬《のぶあき》と、二代から六代までわずか二年半の間に、五人もの知事が入れ代わり立ち代わり着任と離任を繰り返し、中には久我のように赴任すらしなかった人物もいた。

明治四（一八七一）年十一月、摂津国西半分の五郡によって第二次県がスタートした。この時点の兵庫県域は、現在の神戸市東部（北区の一部と須磨区以東）と阪神間の芦屋・西宮・尼崎・三田・伊丹・宝塚・川西の八市と猪名川町域に当たる。現在は、ほとんどが市街化しているため、狭さの短所より充実したにぎわいの方が傑出した地域ばかりと映る。

第二次兵庫県と同時に再編・誕生した、現兵庫県域内の他県は、どうだろうか。播磨一国の姫路（後の飾磨）県▽淡路・阿波二国の名東《みょうどう》（徳島）県▽但馬・丹後二国と丹波西部三郡（氷上・多紀・天田）からなる広大な豊岡県――が存在したが、領域は今の兵庫県域から大幅にはみ出す。こんな中、第二次兵庫県は、これまでのような散在感こそ解消されたが、県土が狭すぎる難点は、知事から名称が変わり「県令」として着任した神田孝平《たかひら》も頭を抱えた。着任翌年、「飾磨県に属する加古・明石・美嚢《みのう》の東播磨三郡計十五万五千石の編入願」を太政官正院に提出した。

神田の声が政府に届いたのか、明治九（一八七六）年八月、現在の県域に近い第三次県が発足した。出石藩出身の内務省地理局長桜井勉が、内務卿の大久保利通に提案した結果と伝わる。これに加えて、神田とともに幕臣出身で、当時豊岡県参事だった田中光儀が何度も神田と面会した記録から、豊岡・兵庫の両県に密接な関係が生まれた結果、南北路構想が浮上したとの説もある。

ともあれ兵庫県土は一気に領域が拡大し、国際港神戸を抱える県として恥ずかしくない規模となった。その裏で、江戸期に現県域最大の城下町を誇った姫路藩の伝統を受け継ぐ飾磨県が、あろうことか消滅し、神戸の引き立て役に回る憂き目に遭った。

江戸期には域内最大だった藩が明治となり、県庁を他都市に持っていかれた同様の屈辱は、ほかにもある。各地で事情は違っても、青森県弘前市をはじめ福島県会津若松市、長野県松本市、千葉県佐倉市、静岡県浜松市、滋賀県彦根市などの例がある。

淡路島が兵庫県に移ったきっかけ、稲田騒動

◆徳島藩だった淡路島

淡路島を兵庫県民から見ると、誰もが「兵庫県の一部」であることに、いささかの疑問も持たない。だが、郷土史に詳しい徳島県民の中には「淡路は徳島から取られた」との思いを抱く人もいる。歴史を振り返れば、古代の行政区画では、淡路と阿波はともに「南海道」に属し、本州側の畿内や山陽道には含まれない。また江戸時代初期、姫路城主池田輝政の三男忠雄《ただかつ》が淡路・洲本藩主を務めた後、元和《げんな》元（一六一五）年から明治四（一八七一）年の廃藩置県直前まで、江戸期のほとんどに当たる二百五十年以上も淡路は徳島藩領だったからである。

そんな徳島藩時代に比べると、明治九（一八七六）年に全島が兵庫県所属となってから

の淡路は、平成三十年現在、まだ百四十二年にしかならない。これほど長きにわたって二国が一体であった阿波と淡路の関係が裂かれるに至った原因は、よほど衝撃的であったはずである。事は、幕末から維新にかけての動乱期にさかのぼる。徳島藩独特の身分制度を底流とし、同じ藩でありながら「佐幕」と「勤王」に藩論が分かれ、戊辰戦争への参加もいびつな形になった揚げ句、藩内で武力衝突が勃発し、多くの死傷者を出すまでに及んだのだ。「稲田騒動」である。発生年の干支から「庚午《こうご》事変」とも呼ぶ。

同騒動に立ち入る前に、大きな島の所属が変わる実例を三十数キロ西方に浮かぶ小豆島（讃岐国＝香川県）で見てみよう。小豆島は、古代から吉備《きび》国児島郡（現岡山県）に属し、吉備国が三つに分かれた後は備前国に組み込まれていた。平安初期からの皇室御料地を経て、南北朝期の貞和《じょうわ》三（一三四七）年以後、細川氏領となった。細川氏は讃岐国守護だったため、治世的には本州から四国に所属が移った。ただし、その後も「備前国小豆島」との呼称が三百年以上も混用され、江戸・元禄初期の文書にも見られる。

この島は、海上交通の要衝とあって、天正十三（一五八五）年に豊臣秀吉の蔵入地となって以降、江戸期のほとんどが幕府直轄地（俗に言う天領）だった。明治の廃藩置県の四カ月後の再編で讃岐国は香川県となるが、その後は、徳島県から名称が変わった名東県と統合されたり、再び独立したり、さらには愛媛県への統合を経て、三度目の正直よろしく明治二十一（一八八八）年にようやく最終的に現香川県となった。つまり小豆島は、吉備から備前を経て讃岐となってからの旧国の変更はないが、明治以降は香川―名東（現徳島）―愛媛を経て香川県に戻った。当初は本州側にあった小豆島とは逆に、淡路島は四国側から本州に所属が移ったのである。

◆稲田氏と蜂須賀氏

なぜ淡路は、そんな運命をたどったのだろうか。つぶさに検証したい。そもそも徳島藩の統治者は、少し変則であった点に触れておかねばならない。蜂須賀氏が藩主を務め、筆頭家老に稲田氏がいた。稲田氏には、もともとの家来がおり、同藩創設の際、「客分」として家来を抱えて蜂須賀氏に仕えた。これには深い訳がある。戦国時代、稲田氏の先祖が蜂須賀小六に出会い、義兄弟の契りを結び、そろって豊臣秀吉に仕えた。功あって小六が龍野の領主となった際、稲田氏には河内二万石の話があったが固辞し、龍野に同道。天正十三（一五八五）年、蜂須賀氏の阿波入りに伴い、稲田氏は筆頭家老として猪尻村《いのしり》（現徳島県美馬市脇町《わきまち》）の脇城を預かった。以来、徳島藩内で「客分」を続けた。

阿波国猪尻村と淡路国に合わせて約一万四千五百石の領地を持ち、代々、淡路に城代として勤務していた稲田氏は、大名並みの実高三万石近い経済力を誇っていた。ただ、稲田家士も広義では徳島藩士ではあったが、本藩士からは一段低く見られる傾向にあった。例えば足袋の色。本藩士の白に対して浅葱《あさぎ》色の着用をさせられるなど、何かにつけ異なった扱いを受けてきた。これは藩主から見れば、稲田家士は直接の家来ではなく、あくまで陪臣「又家来」であるとの理由からだ。平和な時代なら、多少のわだかまりも大事には至らなかっただろうが、時は幕末・維新の激動期。長年、双方に積もり積もった憤懣《ふんまん》が一気に爆発してしまったのである。

稲田氏が城代を務めた洲本城の跡

◆戊辰戦争で藩論二分

慶応四（一八六八）年一月に始まる戊辰戦争にさかのぼる。前年十月、十五代将軍徳川慶喜が「大政奉還」したにもかかわらず、十二月九日「王政復古」のクーデターが起き、形の上で政権が幕府から新政府に移った。年が明け、薩摩・長州の両藩を中心とする新政府軍と幕府軍が軍事的に衝突した。戦いは、東へ北へと移り、官軍を称した新政府軍が幕府を追い詰めていく。

この戊辰戦争に際して、徳島藩では藩論が二つに割れた。具体的には幕府側の藩主と次男である世継ぎが対立。公武合体にこだわり、幕府への忠義立てが振り切れない「佐幕派」の本藩（藩主）に対して、次男（次期藩主）と考えが似る「尊王派」の稲田家士は素早く新政府方につき、兵員を派遣、数々の活躍で名を挙げた。新政府からの書状には「稲田〝藩〟の手柄」と記されたものもあるほど、認知度が上がった。

一方の徳島本藩はどうか。幕末の十三代藩主蜂須賀斉裕《なりひろ》が、時局を読み切れなかったのが災いし、明治新時代に一時は徳島の名も剥奪された上、県自体も高知県に併合される屈辱を受けるはめになった張本人とされた。結末だけを見ると、まさに災難を招いたのだが、実は開明策を矢継ぎ早に打っていた点では賢君とも評されるのである。天保十四（一八四三）年に藩主となるや、軍制改革に取り組み、淡路の由良と岩屋に砲台を設け、海防に尽力したのに加え、ペリー来航に際しては幕府の要請に応えて江戸湾警備にも就いた。さらに徳島城下に洋学校を開き人材を育成、イギリス公使パークスらを招いて国際情勢の説明を受けるなど、当時考え得る最善を尽くしていたと言ってもよい。

ところが、ただ一つ弱点があった。世が世なら藩の立場を有利にしただろうが、幕末ならでは、長所が一気に反転してしまったのだ。「幕府との濃密な関係」である。まず自身、十一代将軍徳川家斉《いえなり》の第二十二子で、蜂須賀家の養子となった、隠しようのない出自の事実である。こんな関係から自然に公武合体路線を取り、文久二（一八六二）年十二月、幕府の陸軍と海軍の総裁を兼ねていたことを知れば、「討幕」への舵など切れるはずはない。くしくも尼崎藩士に迎えられたばかりの大島圭介を一時的にせよ徳島藩に迎え、次いで幕府へと送り出した件も、斉裕の履歴を見れば一気に納得できる。

◆討幕に転換

その藩主斉裕が何とも微妙なタイミングで世を去った。慶応四（一八六八）年一月六日。戊辰戦争が京都・鳥羽伏見の戦いで本格化した三日後である。普通なら藩士がこぞって一定期間、喪に服した後、おもむろに藩主襲封《しゅうほう》となるのだが、時勢はそれを許さない。斉裕の次男茂韶《もちあき》が同月十七日に家督を継いで慌ただしく藩主となり、遅ればせながら討幕に転向する。戊辰戦争の奥羽戦線に参加したものの、藩内の混乱から出陣藩兵が少なかったことに加え、手のひら返し的方針転換は、新政府軍から、くずくずと様子見をしていたのではないかとの疑いも掛けられた。低く見ていた稲田家士の活躍のおかげで辛うじて徳島藩としての責任を免れる結果となった。とはいえ、本藩士には面白くない。

戊辰戦争が箱館・五稜郭の戦いをもって明治二（一八六九）年五月に終結すると、翌六月「版籍奉還」が実施された。「藩が支配している土地と人民を朝廷に返す」というもので、将軍による大政奉還、朝廷による王政復古に続き、明治政府が中央政権として地方の施政権も天皇の名のもとに一元的に掌握する流れが進み、残す大改革は二年後の「廃藩置県」だけとなった。版籍奉還の結果、全国の藩主は、領内で強大な自治権を持っていた江戸期の大名とは異なり、形の上では、絶対的権限を持ちつつあった明治政府から任命された一地方官に成り下がった。幕府による大名の国替えより格段にたやすく、新政府による知藩事の任免が可能になった。ただ、この制度が導入されたばかりの知藩事は、実態として旧藩主が、奉還したはずの〝領地〟にそのまま居続けた上、後の廃藩置県による「強制的な東京への移住」が伴わないため、まだ「政府の地方官」との実感は乏しかったと思われる。

十四代徳島藩主蜂須賀茂韶も、慶応四（一八六八）年閏《うるう》四月布告の「政体書」による「府藩県三治制」のもと、政府から知藩事に任命され、徳島藩知事となった。版籍奉還の翌七月「禄制改革」も実施された。本藩士は全員、新政府の下に「士族」となり、家禄も藩主からではなく国から支給されるように変わった。ここまでは、すんなりと受け入れられた。

◆稲田騒動の原因

しかし、徳島藩ならではの「二段構えの身分制度」が大波乱を引き起こす。稲田家士の処遇である。当初、家老の稲田邦植《くにたね》だけ士族とし、ほかは「卒族」とした。これに稲田家士は猛反発し、やがて本藩士との対立が深まり、大騒動に発展するのだが、その経緯は、今日に至っても、どちら側から見るかによってかなり違いがある。

まず、稲田側からは、こうだ。稲田家士を士族にとの嘆願に対し、新政府から「知藩事一任」の回答を得たにもかかわらず、藩は「稲田家にとどまる者以外は士族とする」という主従を切り離す判断を下した。稲田側は、たまらず新政府大納言の地位にあった岩倉具視に陳情した結果、返信は「稲田主従を北海道に移住させた上、藩庁は向こう十年間、開発費を負担せよ」という双方とも受け入れ難い内容だった。

それでも稲田側は、徳島藩からの「分藩」を条件に受け入れる姿勢を見せたが、本藩側は「分藩とは許し難い。稲田撃つべし」の激情が支配し、決着しないため、新政府は双方を東京に召還した。東京では稲田側に同情的だったため、このまま稲田有利の結論が出れば、藩の面目が立たないと、在京の藩士は焦った。揚げ句、考えついたのは「知藩事が上京中に、自分たちの責任で稲田を撃つ」だった。明治三（一八七〇）年五月七日早朝、藩士ら九人が東京を脱し、徳島には十二日着いた。「明十三日、阿・淡ともに決起」を合言葉として稲田側の襲撃に動いた。

これに対して徳島本藩側ではどうか。「知藩事の判断で処遇を決めよ」との指示に基づき明治二（一八六九）年十二月二十八日、稲田家に「家臣の士族、卒族別の名簿の提出」を命じた。稲田邦稙以外は全員「卒族」とされるのが当然の流れであった。翌三年一月十五日、稲田家の嘆願運動の指導者三田昂馬《みたこうま》は「家臣の士族と卒族の分別はできない」と回答。稲田家の家柄に加え、淡路の沿岸警備や後の討幕運動など、目覚ましい家臣の活躍を理由に、全員の士族編入の要望書を提出。知藩事は問題の早期解決を重んじ、全員の士族編入を認める旨を通達した。しかし稲田家士らは、さらに一歩進め、「徳島藩から淡路を分離・独立させ、稲田邦稙を知藩事とする洲本藩立藩」を求める嘆願を岩倉具視に提出した。

当時、政府は強力な中央集権体制の確立を目指しており、近い将来、思い切った地方統治の再編をにらんでいた頃。江戸期の細分化支配に輪を掛けるような「分藩」など容認できるはずはない。三月二十一日、岩倉は使者を徳島に送り、稲田家士全員の士族編入を認めるのと引き換えに、北海道移住を命じた。それでも稲田側は嘆願を続けるとともに、北海道移住を拒否。こうした稲田家士の強硬な行動が徳島本藩の過激派藩士の反発を招いた。「知藩事に対する不忠、藩を分断する裏切り」とし、四月五日、知藩事に「稲田討伐の決

稲田氏の学問所・益習館に残る庭園（西桂氏提供）

議書」の提出に至った。緊迫した情勢の中、五月十三日、ついに心配された武力衝突が起きた——。

淡路にいた徳島本藩士が、五月十三日未明、藩兵有志と農兵隊計約八百人を率いて洲本城下の稲田屋敷をはじめ家臣らの長屋、別荘の武山邸、学問所益習館などを次々と急襲したのである。これに対して稲田家士は無抵抗で、即死者十五人、自決者二人、重軽傷者二十人を出し、居宅十、長屋十三棟が焼失するという大惨事となった。一方、これに続き翌十四日、本藩士が藩庁の抑止を振り切って阿波・猪尻村にあった稲田氏の領地に進撃、驚いた当地在勤の稲田家士三百五十人は、北へ藩境を越えて高松藩領に退避した。出撃した本藩士らは、下条勘兵衛という徳島藩士の説得を受けて、こちらの衝突は寸前で回避された。

八月、政府太政官から出された徳島本藩への判決は、斬罪十人（うち八人は切腹）、終身刑二十六人（八丈島流罪）、流罪六年一人、終身禁固八人、禁固三年三十二人、同二年半五人、謹慎四十四人に及び、謹慎には知藩事、参事も含まれていた。次いで十月、稲田側にも命令が出た。全員士族籍を得たものの、結局、当初の通達通り、北海道移住の命に従わざるを得なくなった。稲田氏の領地一万四千五百石を淡路北部の津名郡四十三カ村にまとめ、兵庫県に移管。その十分の一を支給するので北海道に移住せよ――。折から帝政ロシアが不凍港を求めて南下政策を進める中、日本として北海道開拓は緊急課題だった。そこへ稲田騒動という、処分するのに都合の良い事変が発生した。政府には一石二鳥の「阿・淡分断策」となった。

◆淡路島全島が兵庫県に

しかし、温暖な地に住み慣れた稲田家士にとって厳しい北の大地の気候に慣れなければならない試練に至る以前に、多難な前途が待っていた。移住は明くる明治四（一八七一）年二月から始まった。第一陣五百人余りが現在の静内町に入ったところまでは順調だったが、八月の第二陣を乗せた薩摩の艦船「平運丸」が和歌山沖の周参見《すさみ》浦で岩に乗り上げて沈没、八十三人が水死した。さらに持ち込んだ家財を焼失するなどの災難が度重なったが、遅ればせながら稲田邦稙も移住し、主従共に開拓に従事した。

明治政府は、この騒動を踏まえ、同年五月、淡路島北部を徳島藩から切り離して兵庫県の所属とした。七月の「廃藩置県」で徳島藩（淡路北部を除く）がそのまま徳島県となり、十一月にはいったん淡路全島と阿波の二国で「名東県」とされ、ここで徳島の名が消えた。さらに明治九（一八七六）年八月、その名東県が解体され、淡路全島が兵庫県に編入、残る阿波は高知県に併合されるに及び、徳島県そのものが消滅してしまう。晴れて徳島県が独立を果たすのは、明治十三（一八八〇）年にもなった。

こうした事態は、徳島藩が激動する幕末・維新期の立ち回りに失敗したからとしか考えられず、責任は前藩主の斉裕にあったとはいえ、最後の藩主蜂須賀茂韶が取るほかはないと思えるのだが、不思議にも茂韶には何のおとがめもないばかりか、新政府でかなりの出世さえしている。華族（侯爵）に列し、イギリスのオクスフォード大学に留学。帰国後は東京府知事、貴族院議員から同院議長を経て、文部大臣まで歴任する。茂韶が留学してい た七年間、稲田主従は北海道で血のにじむ苦労を重ね、徳島県が解体・消滅していた時期と重なるのは何とも皮肉である。茂詔の優遇は、旧幕府軍として最後まで戦った榎本武揚や大鳥圭介と同様、過去の失敗を水に流すほど高い能力を持っていた証しなのかもしれない。

西南戦争の補給基地だった神戸

◆「征韓論」そして明治六年の政変へ

西郷隆盛は、幕末・維新のあまたいる群像の中でもずば抜けた英雄である。上がり下がりの起伏が激しく、最後は故郷鹿児島で自決する悲劇性が、いやが上にも庶民的人気をあおる。人物が評価されるのは、度量が大きく、かつ苦難にも勇気と情熱を持って立ち向かう一方、情にもろく、部下への深い愛情を忘れない——などが挙げられる。高い地位を得てからでさえ質素な私生活を続けた点も、広く受け入れられる要素となった。平成三十年のＮＨＫ大河ドラマ『西郷《せご》どん』が人気を呼んだのも、おおむねこのような美点に集約されよう。もちろん弱点もあり、それがために悲劇的最期を迎えねばならなくなった。

西郷が、末路への契機となった、新政府の幹部、陸軍大将兼参議・近衛都督を辞職する原因は、よく知られるように「征韓論」が受け入れられなかったためである。「征韓論」は、呼称の通り、当時の朝鮮を侵略しようとするのが目的で、二十一世紀の現代では許されるものではない。

しかし時は、欧米列強によるアジア侵略が次々と実行されていた頃。アメリカからペリーが来航して以来、下手をすれば、日本も餌食になっていたかもしれない時代に、その二十年後、逆に日本が仕掛ける側に立とうとの野望だった。間接的には『古事記』『日本書紀』に見える「古代、大和政権が朝鮮を支配下に置いていた」旨の記述に端を発するが、直接的には、日本が新政府発足を通告したにもかかわらず、朝鮮が鎖国政策を維持したまま国交要求を再三拒否、交渉が一向に進まなかったためとされる。

西郷と板垣退助・後藤象二郎・江藤新平・副島種臣らの参議が征韓論を唱え、「朝鮮に対し武力を背景に強硬方針を持って臨むべし」と訴えた。ただ、政府参議の中でも考えに温度差があり、板垣が即時出兵にこだわったのに対して、明治六（一八七三）年八月「西郷自ら先頭に立って朝鮮に赴いて交渉し、国交が受け入れられなければ、武力を用いて開国への扉をこじ開ける」方針を内定した。西郷が同論に傾いたのには、苦しい国内事情が横たわっていた。廃藩置県以降、徴兵制度や秩禄処分に廃刀令などの実施によって、武士の誇りも糧をも奪われていく士族層が、政府に強い不満を抱いている現状を痛いほど理解していた西郷が、怒りの矛先《ほこさき》を海外に向けさせる意図もあった。現代でも内政で問題が生じると、日本たたきの演出によって国民の目をそらす手法は、海外では間々ある。

ただし、朝鮮への西郷派遣は、岩倉具視らの使節団が欧米訪問中、政府を預かった「留守内閣」による決定だったことが問題となった。岩倉らが日本を離れている間は、新規事業と政府首脳部人事の凍結、特に対外問題などを決定してはならないとの誓約を破るものだったからだ。留守政府は、「学制」「徴兵制」「地租改正」などの重要政策を推進した。岩倉らは同年九月に帰国すると、西郷らの誓約違反に反発、中でも内定済みの征韓論には断固反対した。日本とは比較にならないほど発展した欧米先進国を目の当たりにした使節団の思いは「国内整備が先決」で一致。十月、内定を取り消した。面目をつぶされた西郷ら征韓派の参議は一斉に辞職、野に下った。「明治六年の政変」である。

◆不平士族の反乱

西郷らの征韓論が葬られてから二年近くたった明治八（一八七五）年九月、依然として鎖国状態だった朝鮮に日本政府は結局、西郷が目指した政策に似た行動に出る。いや「より高圧的にパワーアップされ」と付言した方がよいかもしれない。軍艦「雲揚」を派遣し、朝鮮半島沿岸の測量を実施した上、同艦長が首都漢城（現ソウル）近くの江華島にボートで近付くと、同島の砲台から砲撃を受けた。これを口実に雲揚が反撃し、艦砲射撃によって砲台を破壊、近くに兵員を上陸させた。「江華島事件」を機に政府は翌年、日朝修好条規（江華条約）を結んだ。以後、朝鮮は釜山・仁川・元山の三港を開くとともに不平等条約をのんだ。

ここで気になるのが、征韓論が拒否されて政府を去った参議らのその後である。最初に決起したのは江藤新平だ。故郷の佐賀に帰り、明治七（一八七四）年二月、不平士族が打ち立てた「征韓党」首領となって「佐賀の乱」を起こした。同九（一八七六）年十月には、熊本で「敬神党（神風連）の乱」が勃発、これに呼応して福岡で「秋月の乱」、次いで山口では「萩の乱」という、いずれも新政府の施策に不満を持つ士族たちの反乱が同月中に相次いだ。これらは、単発で横の連絡も無かったため政府によって直ちに鎮圧された。しかし、少なからず国民に動揺を与えた。

◆西南戦争の兵士たち

うち続く士族の反乱の中で、最も規模が大きかったのが、明治維新最大の功労者とも言える西郷隆盛が担がれた「西南戦争」であった。鹿児島から熊本・宮崎・大分の九州南部四県が戦場となった。

その裏には、鹿児島の特殊性があった。明治新政府が発足後、確かに旧薩摩藩士の大久保利通や黒田清隆、大山巌《いわお》ら一部の者は出世し、政府でしかるべき地位を得たのに対して、多くの士族が「お役ご免」となり、暮らし向きにも不安を抱える日々を送っていた。そんな中、次々と打ち出される諸改革も薩摩ではほとんど拒否し、半ば独立国のような状態で反政府の拠点と化していた。そこへ、下野した西郷を迎えるとどうなるのかは、言わずもがなである。西郷が設立した私学校の生徒を中心とする不平士族らが創立者を祭り上げた。明治十（一八七七）年二月十五日、西郷は、一万三千人の兵を率いて鹿児島を出発、二十二日、熊本城に置かれていた明治政府の軍事拠点熊本鎮台を包囲・攻撃し、西南戦争の火ぶたが切られた。

政府は直ちに徴兵令による軍隊を現地に派遣して鎮圧に乗り出したが、佐賀から始まった一連の士族反乱のように簡単には片付かなかった。西南戦争は「西郷軍の士族兵」と「政府軍の農民兵」との戦いとされるが、政府軍の中核をなす将校と下士官は大半が士族の出身で、兵卒も旧士族を急募して編成していたのが実態だった。このため「徴兵制の勝利」とまでは言い切れなかった。

士族の志願兵募集は全国的に実施され、応募兵の中には、稲田騒動（庚午事変）で淡路から北海道に移住を命じられた元徳島藩家老の稲田邦稙もいた。稲田は部下四十七人を引き連れ、北の大地からはるばる九州の戦線へ乗り込んで来た。稲田は、この功により功労金一人当たり二十円（現在の二十〜四十万円）をもらい、翌年には陸軍少尉試補に任用された。旧主稲田の従軍志願に刺激されたのか、淡路の民権運動結社「洲本自助社」が飛ばした檄文《げきぶん》が残っている。「皇帝陛下の宸襟《しんきん》を悩まし給わんことを、いやしくも臣民の義を了する者、あに坐視すべしや。よって来る三月三日、洲本・専称寺にて集会し、もってわが輩応分の報功を議せんとす。諸君、それ百事をなげうって来会せよ」。

◆神戸に政府側の軍事中枢機関

戦いは、いきなり長期化の様相を呈したため政府は本腰を入れ始めた。参謀局・会計本部・運輸局などの軍事中枢機関を東京から神戸に移すとともに、ここを後方基地として戦地への兵員と物資の補給に努めた。参謀山県有朋や会計監督長田中光顕《みつあき》（後に伯爵、宮内大臣）らが続々と神戸に赴任してきた。田中は土佐藩を脱藩した元志士で、伊藤博文が初代兵庫県知事だった頃、同県権判事となり、西宮出張所での勤務経験があったため、二度目の兵庫勤務で錦を飾った格好である。実質、政府の最高指導者だった内務卿大久保利通も京都に入り、ここで戦いの指揮を執っていた。

神戸の港界隈は、にわか戦時景気に沸いた。当時の新聞は次のような趣旨の記事を掲載した。二月十七日から兵庫区西出町に多くの作業員が集まり、軍艦に積み込む米二万石（約三千トン）を大急ぎで精米している。坂本村の砲兵隊（正式には大阪鎮台兵庫分営、現楠町七丁目の神戸大学付属病院辺り）、姫路の鎮台（後の師団）は既に広島まで繰り出した。

十七日から大阪鎮台の砲兵弾薬を荷船五十隻余りで明石沖まで運んだ。これは九州へ出帆する蒸気船に積み込むため。十八日には、外国軍艦二十隻ほどが神戸港に入った――。こうした海上輸送の活況により郵便汽船三菱会社（日本郵船の前身の一つ）が躍進、三年前の台湾出兵に伴う特需と併せ、財閥への基礎固めができたほどだった。

また「木堂」と号し、観戦記「薩行日記」を書いた従軍記者第一号の犬養毅《つよし》（後に首相）も郵便報知新聞（現スポーツ報知）記者として東京から戦地に駆けつける途中、五月五、六の両日、神戸に上陸して印象を次のようにつづっている。

「楠公社（湊川神社）の付近を散歩した。湊川堤防（現新開地）の並木の下にある茶店で休む。堤防下の福原町の花柳街を望めば、大きな美しい妓楼が軒を連ね、梅毒病院は高くそびえているが、糸竹管弦の音は絶え、非常に寂し

明治中ごろの湊川

い様子であった」。梅毒病院とは、あまりにストレート過ぎ、恐らく現代ではまず使わないと思われる名称だが、実際、犬養が来神する三年前の明治七（一八七四）年十一月、兵庫区荒田町に「県立黴毒病院」の名で誕生し、後に「福原病院」に改称されたが、六年後、下山手通七丁目に移転した。このいきさつは、特に新開地の歴史に詳しい郷土史家でラジオ関西ディレクターの佐々木孝昌氏の調べで明らかになった。

◆西郷軍の敗因

西南戦争は、西郷軍が熊本鎮台を包囲の上、攻撃して始まった。しかし、後世の分析によると、戦闘以前に、先の結果が見通せるほど、計画性において両軍には明らかな差があったという。西郷軍は「自軍は正々堂々、大義を天下に唱える義兵であり、戦いは挑むのではなく受けて立つ」との認識で、「相手の鎮台兵は四千三百人余りの、取るに足りない農兵。もしわが往路を遮れば、ただ一蹴するのみ。戦略は不要」と見下していたのが最大の敗因とされる。無計画かつ甘い見通しの上、同鎮台幹部は参謀長樺山資紀《かばやますけのり》ら鹿児島士族で、西郷の世話になった者が多いため、熊本城に攻め入れば直ちに降伏するはず。ここを根城に九州を制圧し、兵器と弾薬を奪取して攻め上り、広島・神戸・大阪を押さえて、陸海から東上する——との虚構を描いていたらしい。

再び従軍記者犬養の登場である。七月二十二日、戦地である大分県佐伯発の原稿には「西郷の理想が実現したら、士族の社会的・経済的地位を旧に復し、平均二十五石（米約三・七五トン）の永世禄を与える。故に十七歳以上四十歳以下の男子は全てわが軍に加担せよ、と西郷軍が各地の士族たちに呼び掛けた」という旨が記されていた。

こうした西郷軍の無謀ぶりに対して、同鎮台司令長官の谷干城《たてき》（元土佐藩士、後に学習院院長）は、理路整然と情勢を説明した上、熟慮・論議を経て参謀樺山と県令富岡敬明《けいめい》らの進撃論を退け、用意周到な籠城作戦を取るに至った。

二月二十二日早朝から翌日にかけて西郷軍は多方面から城を強襲し続けたが、いずれも失敗。結論から言えば、緒戦に難攻不落の熊本城攻めに執着したのが敗戦に至る要因となった。西郷軍は間もなく、南下してきた政府軍と激突を繰り返しつつ、三月四日から十七日間にわたる田原坂《たばるざか》（現熊本市北区）の戦いで死闘の末、敗れ、四月十四日、熊本城の包囲を解いて撤退した。実に官軍の死者三千人、弾薬一日二十五万～四十万発、大砲十二門から毎日、砲弾千発余りを敵陣に撃ち込んだとされる。激戦の程が知れよう。

◆西郷、戦死

田原坂の激闘のさなか、戦いの打開策を探るため京都で指揮を執っていた大久保利通を訪ねる途中、神戸港に降り立った旧薩摩藩士がいた。鹿児島県令大山綱良（通称格之助）。大山は同じ薩摩出身の陸軍中将黒田清隆の斡旋で、西郷の真意を伝えるため京都に行こうとしていた。だが、これは政府側のわなだった。船が神戸に着いた時、眠り込んでいた大山は、迎えの警察課長に逮捕されてしまったのだ。西南戦争でひそかに西郷軍を助け、官金を軍資金に提供していた事実が政府に知れ、逆賊視されていた。大久保に会わせる話は大山を誘い出す口実だった。

当時、兵庫県令は、神田孝平の後を受けた旧薩摩藩士森岡昌純《まさずみ》だったのは、皮肉である。十五年前の文久二（一八六二）年四月、京都・伏見での「寺田屋騒動」の際、薩摩藩主の父島津久光の命令で、大山と森岡は共に尊王攘夷派の不穏分子を斬りに向かった刺客。その森岡がかつての同志大山に縄を掛けることになろうとは。

大山は、大久保らと尊攘派の精忠組に属していたにもかかわらず、藩命とはいえ同志を斬《き》った心境もさぞ苦しかったと思われるが、その後は出世した。戊辰戦争では奥羽鎮撫総督参謀を務め、廃藩置県後は鹿児島県大参事、権令《ごんれい》を経て三年前から県令を務めていた。本来、県令は政府直属の地方長官だが、西郷が帰郷後は鹿児島全体の独立色が一層高まる中、大山自身、板挟みで身動きできなくなっていたのだろう。大山は、いったん東京監獄に護送された後、長崎監獄に送られ、同戦争が終結した九月の三十日、斬首刑に処された。刑を執行する政府の中心にいたのが精忠組の同志大久保だったのは、二重の皮肉であろう。

西南戦争最大の激戦地田原坂で敗れた西郷軍だったが、当初、抜刀隊による斬り込みで一進一退の攻防を繰り広げたものの、田原坂と山鹿（現熊本県北部の山鹿市）方面での戦いで多くの死傷者を出し、かつ兵を補充する手立てがないのが響き、各地に広がった戦線でも相次ぎ敗退。ついには、宮崎県長井村（現延岡市）で西郷軍全軍がいったん解散した上、八月十七日、精鋭数百人で鹿児島に戻って再起を図ったものの、立てこもった城山（鹿児島市中央部、海抜一〇三メートル）が政府軍の総攻撃を受け、九月二十四日、西郷ら約百六十人が戦死した。

「内外人園地」と呼ばれた東遊園地

◆神戸の活況を呼ぶ

まる七カ月に及ぶ西南戦争は終わり、佐賀の乱に始まる一連の不平士族の反乱にも最終的な終止符が打たれた。世は自由民権運動へと流れていった。西南戦争を『明治政史』により総決算すると、政府軍は兵力六万八百三十一人、死傷者一万五千八百一人、戦費四千百五十六万七千七百二十六円（現在の約六千憶円）とはっきりした数字が上がっているのに対して、西郷軍は兵力約四万人、死傷者約二万人と概数でしか分からない。明確なのは処刑者二千七百六十四人（うち斬罪二十二人）だけである。いかに賊軍の命が軽く扱われたかが分かる。

西南戦争で補給基地の役割を担った港都神戸は大きく変わった。開港以来、さまざまな土木建設工事が相次ぎ、海岸の石垣建設をはじめ布引遊園地・外国人居留地・東遊園地・県庁舎・湊川神社に加え、市街地全域が整備され、まちは年を追って盛況を呈していった。

ところが工事が一段落する頃から景気が下降し始め、明治九（一八七六）年には、貿易総額も七百十万円（現在の約一千億円）に落ち込み、兵庫一の豪商北風家が破産に瀕する事態にも陥った。そこへ思いがけず降って湧いたのが戦時景気だった。先に記したように、集荷した米の精白から積み込みに加え、集まった大量の物資や機材が地元商人を通じて買い上げられ、職を求めて人が集住してきた。もうけた金が神戸に落ちる。こうして一気に景気が回復した。

神戸の人口も明治四（一八七一）年頃から四万人台を推移していたのが、戦争が始まった十（一八七七）年には五万千五百人となり、以後毎年、千〜二千人増えている。港の貿易総額も十一年千二百万円、十三年には千三百万円を超え、西南戦争前のどん底期の倍近くに跳ね上がった。さらに空前の好況は資産家の起業熱をあおり、企業や工場の新設ラッシュとなった。小野浜の造船所、兵庫区東出町の川崎造船所、アメリカ人ウォルシュ兄弟による神戸製紙所（現三菱製紙、後に高砂市に移転）のほか、石鹸・パン・紙巻きたばこ・タオル・かばん・靴・ビール・牛肉の缶詰などの工場が誕生した。

神戸で製造されたマッチのラベル

◆マッチ産業を支えた旧西郷軍兵士

このうち、造船などの重工業を除き、一大地場産業に発達したのがマッチ製造で、同戦争と密接な関係があった。戦争で賊軍とされた受刑兵が、中央区下山手通七丁目の日蓮宗本寿寺内にあった神戸監獄（当時徒刑場）に収容され、その使役場付属工場で盛んにマッチが作られた。新しい機械の導入と相まって企業化されていった。やがて戦争の終結とともに、軍関係の仕事が無くなったため、各地から集まった労働者が貧民化しつつあった。そこへ勃興したマッチ産業が多くの雇用を生み出し、救世主となった。前年、本田義知設立による明治社に続き、明治十三（一八八〇）年には兵庫新場（現兵庫区湊町四丁目）に清燧《せいすい》社が創立された。ほかにも個人経営の中小規模の工場が十数社も乱立、ここに兵庫県が全国一のマッチ王国となる基礎が出来上がった。

中でも指導的役割を果たしたのが滝川弁三である。滝川は旧長州藩士で、戊辰戦争の北越戦線や会津戦線に従軍後、工部省電信寮で学び、現JR三ノ宮駅などで電信係をしたり、居留地のクニフラー商会（英十二番館、後のイリス商会）で外国貿易に従事したりするうち、マッチ産業が有望であると教えられ、神戸に本格的な工場を建てた。同商会との関係も有利に働き、輸出向けマッチで財を成した。大正七（一九一八）年には、私立兵庫中学を引き継ぎ滝川中学（現滝川中学・高校）を創立、自ら校長となり中等教育にも尽力した。

◆神戸の礎が出来る

こうして西南戦争後の危機を乗り越えた神戸には、資金需要が高まり、金融機関も次々と進出してきた。戦前には第一国立銀行（現みずほ銀行）と三井銀行（現三井住友銀行）の支店しかなかったのが、横浜正金（現三菱UFJ）・丸三（本社大阪、後身不詳）・東洋（英国系海外銀行）など大銀行が支店を開設したほか、地元の兵庫第七十三国立銀行（昭和六〈一九三一〉年業務廃止）、鳥取第六十五銀行（後に神戸岡崎銀行に買収、現三井住友銀行）が神戸に移転してきた。

この新たな企業や工場、金融機関誕生の流れは、江戸期から人家が立て込んでいた兵庫では難しく、自然、新興の港湾都市神戸に集中した。折から明治十二（一八七九）年には、兵庫津（町）と神戸町・坂本村が合併して「神戸区」となったのは象徴的である。開港地が兵庫ではなく神戸に変更され、徐々に都市としての実力を蓄えた結果、経済力でも知名度でも「兵庫地方の神戸」から「神戸の兵庫」へと完全に逆転したのだった。開港直後から実地名により神戸港と呼ばれ、各種文書にも記されてもいるが、神戸港への正式な改称は二十五（一八九二）年の勅令「神戸港船舶碇繋所《ていけいじょ》区域拡張」により、旧生田川河口から和田岬までを神戸港の範囲と規定した時点まで待たねばならない。

関連年表

明治5年12月2日までは旧暦、慶応元年以降は「月日」、外国と関係がある開港などの事項は括弧内に新暦も併記した。

慶応4年5月2日の大阪府発足までは、湾も含め「大坂」を用いた。
◇は当該年内の出来事、一部年月日の揺れは筆者の判断でおおむね通説を採ったが、異説を否定するものではない。

西暦	年号	事項
1778	安永7	6月、ロシア船、厚岸に来航、松前藩に通商を要求。
1787	天明7	7月、寛政改革始まる。
1791	寛政3	9月、幕府、外国船出没につき対処方法を指令。
1792	寛政4	9月、ロシア使節ラクスマン、漂流民大黒屋光太夫ら護送し根室に来航。
1793	寛政5	6月、幕府、ラクスマンに国法伝え、長崎入港の信牌を与える。
1796	寛政8	8月、イギリス人ブロートン、絵鞆（室蘭）に渡来、日本沿海を測量（〜97）。
1797	寛政9	10月、幕府、南部・津軽両藩に蝦夷地防備を命じる。
1798	寛政10	7月、近藤重蔵（守重）、択捉島に「大日本恵土（登）呂府」標柱を建てる。
1799	寛政11	7月、高田屋嘉兵衛、幕命により択捉航路を開く。

1802	享和2	2月、幕府、蝦夷地奉行新設。→5月、箱館奉行と改称。(→1807年10月、松前奉行と改称)。→1822年、廃止。→1854年、箱館奉行を再置。
1803	享和3	7月、アメリカ船、長崎に来航、通商を要求。
1804	文化1	9月、ロシア使節レザノフ、長崎に来航、通商を要求。→翌年、要求を拒否。
1806	文化3	9月、ロシア海軍士官フヴォストフ、レザノフの命で樺太の松前藩会所襲撃。
1807	文化4	4月、ロシア軍艦、樺太・択捉襲撃→6月、幕府、東北諸大名に蝦夷地出兵命令。
1808	文化5	4月、間宮林蔵ら樺太と沿海州探検(~1809)。 8月、イギリス船フェートン号事件。 12月、幕府、南部・津軽両藩に蝦夷地警護役を課す。
1810	文化7	2月、幕府、会津・白河両藩に相模と安房沿岸に砲台築造を命じる。
1811	文化8	6月、ロシア海軍中将ゴローニンら8人を逮捕。→翌年、釈放。
1816	文化13	10月、イギリス船、琉球に渡来、貿易を要求。
1817	文化14	9月、イギリス船、浦賀に来航。
1818	文政元	5月、イギリス人ゴルドン、ブラザーズ号で浦賀に来航。
1820	文政3	12月、幕府、会津藩の相模沿岸防備を免除し、浦賀奉行担当とする。
1822	文政5	4月、イギリス船、浦賀に来航。
1824	文政7	5月、イギリス捕鯨船員、薪水を求め常陸大津浜で捕らえられる。

西暦	和暦	事項
		8月、イギリス捕鯨船員、薩摩宝島に上陸し略奪。
1825	文政8	2月、幕府、異国船打払令を発す。
1827	文政10	2月、文政改革始まる。
1837	天保8	4月、徳川家斉、将軍職を辞職。→9月、家慶、将軍宣下。
		6月、アメリカ船モリソン号、浦賀に来航、奉行が砲撃して退去させる。
1840	天保11	7月、オランダ船、阿片戦争（〜1842）の開始伝える。
		9月、高島秋帆、砲術洋式化の意見書を幕府に提出。
1841	天保12	5月、天保改革始まる。
1842	天保13	6月、イギリス軍艦の来日計画伝わる。
		7月、幕府、異国船打払令を緩和、天保の薪水給与令を発す。
		8月、幕府、川越・忍両藩に江戸湾防備を命じる。
		◇尼崎・明石両藩、県内諸藩に先駆け大砲を鋳造。
1844	天保15	3月、フランス船、琉球に来航。
		7月、オランダ国王の開国勧告書簡来る。
	弘化元	12月2日、弘化に改元。

1845	弘化2	5月、イギリス船、琉球に来航。 6月、幕府、オランダ国王の開国勧告拒否。 7月、イギリス測量船、長崎に来航。
1846	弘化3	閏5月、アメリカ東インド艦隊司令官ビッドル、浦賀に来航、国交を求める。 6月、フランス・インドシナ艦隊司令官、長崎に来航。 8月、孝明天皇、海防厳重勅書。
1847	弘化4	2月、幕府、彦根・会津両藩に江戸湾防備を命じる。
1848	弘化5 嘉永元	2月、鹿児島藩主島津斉興、領海を巡視、砲術練習を閲する。 2月28日改元。 4月、幕府、異国船打払令復活を評議。 5月、アメリカ捕鯨船、西蝦夷地に漂着。 7月、フランス船、琉球に来航。
1849	嘉永2	閏4月、イギリス軍艦マリナー号、浦賀で測量。 5月、異国船打払令復活を評議。 12月、幕府、諸大名に沿岸警備厳重化を命じる。

1850	嘉永3	4月、孝明天皇、7社7寺に外患撃攘祈祷を命じる。 7月、尼崎藩、異国船防備御入用講金を上納させ具足類を補修。龍野藩、具足の他藩への売却を禁止。 12月、浜田彦蔵ら17人、アメリカ船オークランド号に救助される。 ◇アメリカ議会、日本開国の試みを決議。
1851	嘉永4	1月、中浜万次郎、アメリカ船に乗り琉球に上陸。 2月、島津斉彬、薩摩藩主に。 12月、イギリス軍艦、琉球に渡来。
1852	嘉永5	6月、オランダ商館長、アメリカ使節来日予告。(→8月、幕府、予告を大名に伝達)。幕府、海岸防備強化のため長州藩に兵庫警備を命じる。 ◇大鳥圭介、緒方洪庵塾に入門。
1853	嘉永6	4月、アメリカ使節ペリー、琉球に来航。→6月、ペリー、浦賀に来航。→姫路・明石両藩兵、浦賀警備に出動。→明石藩、八幡・出崎・舞子東の各浜に砲台を築く。徳川家慶没。 7月、幕府、諸大名へ意見求める。ロシア使節プチャーチン、長崎に来航。 9月、幕府、大船建造の禁を解く。

1853	嘉永6	9月、トルコ、ロシアに宣戦布告しクリミア戦争始まる（～1856）。 10月、徳川家定、将軍宣下。 12月、プチャーチン再来航。 ◇篠山・龍野両藩など、完全軍装で調練。
1854	嘉永7	1月、ペリー再来日。↓3月、日米和親（神奈川）条約締結、下田・箱館両港を開く。 5月、同条約付録13条を協定調印（下田条約）。 6月、幕府、松前藩から箱館と周辺を上知し、箱館奉行を再置。 8月、日英和親条約締結。 9月、姫路藩、家島の警護を強化。 ロシア軍艦ディアナ号、大坂天保山沖に来航。（↓11月、駿河沖で大破）。 ↓近畿63（うち兵庫県内9）藩、大坂警備のため出動。 柏原藩、寺院の鐘を集め、大坂で大砲4門を鋳造。 網屋吉兵衛、神戸村小野浜に船たで場の建設始める。
	安政元	11月27日、改元。 12月、幕府、下田でプチャーチンと会談、日露和親条約締結。

1855	安政2	幕府、明石・徳島両藩に明石・岩屋・由良に砲台築造を命じる。 太政官符を下し、諸国寺院の鐘を鉄砲に改鋳させる。 3月、プチャーチン、伊豆戸田村（現沼津市）で建造の船「ヘダ号」で帰国。 幕府役人、明石の八幡砲台を視察、鐘をつぶし大砲・小銃造りを命じる。 6月、幕府、大名・旗本に洋式銃陣修業を命じる。 オランダ国王、スンビン号（後の観光丸）を幕府に贈る。 7月、長崎奉行所西役所に海軍伝習所設置。11月から伝習開始。 10月、勘定奉行川路聖謨、住吉・堺・西宮・兵庫海岸の砲台建設地を調査。 日仏和親条約締結。 12月、蘭和親条約締結。
1856	安政3	2月、洋学所、蕃書調所と改称、九段坂下に移転。（↓1862年5月、蕃書調所、一橋門外に移転し洋書調所に。↓8月、開成所と改称）。 3月、篠山藩、独自技術で大砲鋳造。 4月、築地講武所出来、将軍家定臨検。↓1860年、小川町に移転。↓1866年、陸軍所に改称。

1856	安政3	7月、アメリカ領事ハリス、下田に上陸。 ◇吉田松陰、玉木文之進、久保五郎左衛門を継ぎ、松下村塾の主宰者となる。
1857	安政4	5月、下田条約で貨幣の同種同量交換・領事裁判権・領事旅行権などを規定。 9月、プチャーチン、長崎で追加条約締結。 姫路藩、漂流民の見聞を基に異国船を建造、翌年6月完成（速鳥丸）。10月、ハリス、江戸城登城し将軍に国書奉呈。 11月、イギリス・フランス連合軍、清（中国）・広州を占領。 12月、幕府、ハリスと日米修好通商条約交渉開始。↓諸大名に条約の可否諮る。 ◇将軍後継問題起こる。
1858	安政5	1月、日米修好通商条約交渉妥結。↓3月、孝明天皇、同条約勅許を拒否。 4月、井伊直弼、大老に就任。（↓9月、安政の大獄始まる）。 6月、西摂警備を命じられた長州藩、警備本部公議所を兵庫浜本陣絵屋に。幕府、日米修好通商条約に調印。 7月、徳川家定没。薩摩藩主島津斉彬没。 10月、家茂、将軍宣下。

		11月、西郷隆盛・僧月照、入水自殺を図り月照没。↓西郷、救助され、奄美大島に流される。 12月、外国奉行一行、但馬海岸を視察。
1859	安政6	◇オランダ・ロシア・イギリス・フランスと修好通商条約に調印。 5月、イギリス総領事オールコック来日、江戸に着任。(↓11月、公使に昇進。↓1864年11月、帰国)。 6月2日（新7月1日）函館・長崎・神奈川が開港。↓6月以降、英・米・仏・蘭・露5国との自由貿易許可の布告。 6月、幕府、舶来武器の購入を許可。 10月、橋本左内・吉田松陰が死罪。 12月12日（新1860年1月4日）、下田港を閉鎖。
1860	安政7 万延元	1月、勝海舟、咸臨丸でアメリカに出発。 3月、井伊直弼暗殺（桜田門外の変）。 3月18日改元。4月、孝明天皇の妹和宮、将軍家茂への降嫁を内願。(↓8月、和宮、降嫁を承引。↓10月、和宮降嫁を勅許。↓1862年2月11日、婚儀)。

1860	万延元	7月16日（新9月1日）、横浜で初めて競馬開催（～1943）。 8月、イギリス・フランス連合軍、北京を占領。 12月、アメリカ公使館通訳ヒュースケン、暗殺される。
1861	万延2 文久元	2月、ロシア軍艦ポサドニック号、対馬に来航（ロシア軍艦対馬占領事件）。 2月19日、改元。 3月（新4月12日）、アメリカ南北戦争始まる（～1865）。 12月、開国開市延期交渉へ竹内保徳ら幕府遣欧使節、イギリス軍艦で出発。
1862	文久2	4月、薩摩藩主の父（国父）島津久光、率兵上京。京都・伏見で寺田屋騒動。 5月、幕府遣欧使節、ロンドン覚書調印。 7月、一橋慶喜、将軍後見職に。 8月、横浜で生麦事件。 11月、幕府、攘夷の勅旨に従うことを決定。 12月、三田藩の川本幸民、幕臣となり洋書の翻訳開始。遣欧使節帰国。 ◇徳島藩、岩屋の砲台完成。→この頃、明石藩、明石―垂水に9砲台設置。
1863	文久3	1月、幕府、徳島藩に淡路防備の厳重化を命じる。

尼崎藩、高洲など5カ所に砲台築造を始める。

3月、将軍家茂、上京。→4月、天皇に攘夷期限を5月10日と奉答。

4月、将軍家茂、大坂湾の防備視察、神戸村小野浜で網屋吉兵衛を引見。(→5月、舞子浜・松帆崎・由良の3砲台を検分)。

勝海舟、海軍操練所造船掛に任命。→兵庫―西宮の砲台候補地を踏査。(→8月、勝の指揮で和田岬・湊川・西宮・今津の台場築造を開始)。

5月、長州藩、下関で外国船に砲撃(下関事件)。

7月、イギリス艦隊、鹿児島を砲撃(薩英戦争)。

8月、公武合体派、攘夷派を京から追放するクーデター(8月18日の政変)。→京を追われた七卿や長州藩兵2千数百人、兵庫から船で長州へ。

西宮・今津両砲台着工。

生野代官、天誅組挙兵により出石・豊岡両藩に生野出役を要請。→久美浜代官、同様に宮津・峰山・豊岡・出石4藩に出役要請。

10月、平野国臣ら尊攘派志士、沢宣嘉を擁して挙兵(生野の変)。

旧生田川西岸に勝海舟の私塾できる。

1863	文久3	◇明石藩、攘夷決行に備え砲台9基を築造。→淡路・尼崎・姫路にも続々。
1864	文久4 元治元	1月、将軍家茂、上京し攘夷緩和の宸翰受ける。 2月、島津久光、湊川神社創建を朝廷に建議。 2月20日改元。 3月、フランス公使ロッシュ着任。(→1968年6月、帰国)。 4月、姫路藩、尊攘派を弾圧(甲子の獄)。(→12月、斬罪2・自決6など断罪56人)。 5月、神戸海軍操練所開所。 6月、新選組、京三条の池田屋の尊攘激派を襲う(池田屋事件)。 7月、桂小五郎、出石に避難。(→翌年4月8日まで)。 禁門の変。第一次長州征伐(幕長戦争)開始。 8月、四国艦隊、下関砲撃。 9月、和田岬砲台完成。 10月、幕府、兵庫奉行新設(～1865年11月)。 11月、勝海舟、江戸に召還。長州藩、幕府に恭順示し、3家老に自刃命じる。 ◇幕府、箱館に五稜郭を完成。

1865	元治2 慶応元	2月1日、姫路藩主酒井忠績、大老に（11月辞職）。 3月12日、神戸海軍操練所廃止（廃止日は9、18日など諸説あり）。 4月7日、改元。 4月9日（新5月9日）、アメリカ南北戦争終結。 5月16日、第二次長州征伐始まる（～翌年8月21日）。 閏5月、イギリス公使パークス来日、横浜に着任。（↓1883年7月、清国公使に転じる）。 6月、老中本荘宗秀、大坂湾の防備を視察。 7月、幕府、海軍奉行を置く。 9月16日、イギリス・フランス・オランダの軍艦9隻、兵庫沖に来航。↓9月23日、兵庫沖会談（兵庫先期開港交渉）始まる。↓9月26日、イギリス公使館通訳アーネスト・サトウ、西郷隆盛と知り合う。 9月29日、朝廷、兵庫開港を4カ国代表に約した2老中の免職・処罰を要求。 10月5日、孝明天皇、通商条約（安政五カ国条約）勅許、兵庫先期開港は拒否。↓10月7日、老中本荘宗秀、外交団に「条約勅許、兵庫開港期限実行」伝える。

1866	慶応2	1月21日、坂本龍馬の斡旋で薩長同盟。 7月20日、将軍家茂、大坂城内で死去。 9月4日、征長軍解兵令。 12月5日、徳川慶喜、将軍宣下。 12月6日、サトウ、兵庫に立ち寄り翌日、浜本陣「小豆屋」で西郷隆盛と会う。 12月25日、孝明天皇崩御。 ◇この年から4年間、大凶作で物価暴騰、打ちこわし多発。
1867	慶応3	大鳥圭介、幕府歩兵差図役頭となる。 1月9日、睦仁親王（明治天皇）践祚。 4月13日、幕府、居留地を神戸・二ツ茶屋・走水3村の浜手に画定。（↓8月、生島四郎太夫が造成を請け負う。↓10月15日、造成着工）。 5月21日、土佐・薩摩両藩が京で討幕密約。 5月24日、兵庫開港勅許。 6月6日、幕府、「12月7日の兵庫開港、江戸・大坂開市」を布告。 6月15日、坂本龍馬「船中八策」なる。

7月9日、約2年ぶりに兵庫奉行復活、外国奉行・大坂町奉行柴田剛中が兼務。
9月8日、大久保利通ら長州藩主父子と会談、討幕挙兵盟約。
10月7日、西国街道に代わる山手新道（谷勘兵衛請け負い＝徳川道）造成着工。
（↓12月7日、完成）。
10月13日、薩摩藩に討幕の密勅、翌日、長州藩にも。
10月14日、将軍慶喜、大政奉還、翌日、朝廷が許可。
11月15日、土佐藩士中岡慎太郎・坂本龍馬、京河原町の近江屋で殺害される。
12月7日（新1868年1月1日）、兵庫開港、大坂開市。（↓翌年7月15日〈新
9月1日〉大阪開港）。
12月9日、朝廷、王政復古の大号令。
12月11日、長州軍第一陣が入京。
12月13日、将軍慶喜、京二条城から大坂城へ退去。
12月20日、備前藩、西宮の警備を命じられる。
12月25日、山形庄内藩士、江戸薩摩藩邸を焼き討ち。
12月27日、三条実美ら5卿、帰京。

1868	慶応4	1月2日、戊辰戦争「兵庫沖の海戦」。→1月3日、「鳥羽・伏見の戦い」で本格化。 1月6日、尼崎藩に「本城を守り朝廷に忠勤に励むよう」との朝命。 徳川慶喜、大坂城を脱出。(→1月8日、軍艦開陽で江戸へ。→1月12日、江戸城着)。 1月7日、慶喜追討令。 1月8~10日、大坂の各国使臣団、神戸の運上所・旧海軍操練所に仮領事館開く。 1月9日、兵庫奉行柴田剛中、イギリス船を雇い、神戸に逃れ、江戸に向かう。 1月10日、慶喜ら27人の官位を奪い旧幕府領を新政府の直轄とする。 1月11日、備前藩の隊列を横切った外国兵を刺傷、外国隊と交戦(神戸事件)。 →外国軍、兵庫港内の日本汽船6隻を拿捕(16日返還)。 1月13日、徳島藩家老稲田家士、朝命で西宮を警備。(→1月19日、高松藩攻めを拝命)。 1月14日、外国事務取調掛東久世通禧、伊藤博文らを連れ、大坂から兵庫へ。 1月15日、東久世、兵庫島上町に兵庫御役所を置く。(→1月19日、切戸町の旧幕府勤番所に移転)。 東久世、新政府を代表して6カ国の外交団に天皇親政の国書を示す。

1月16日、備前藩兵、姫路城を形だけの砲撃。→姫路藩が降伏、城を明け渡す。
1月22日、旧勤番所内に兵庫鎮台を設置。→2月2日、鎮台を兵庫裁判所と改称。
→東久世、同裁判所総督に。（→3月19日、東久世、横浜裁判所に転任）。
（→3月19日～5月23日、兵庫県設置までは大坂裁判所・醍醐忠順総督が兼任）。
2月4日、折田年秀（後に湊川神社宮司）、生野役所取締執事に就任。
2月5日、兵庫（東＝本庁）運上所開庁。
2月9日、神戸事件の罪により備前藩砲隊長滝善三郎、永福寺で切腹。
2月15日、堺事件発生。
2月17日、徳島藩家老稲田邦植、東征大総督警衛要員百余人差し出す。
3月、開港地神戸に外国人が増えたため雑居地規定により居住範囲定める。
3月14日、五箇条の誓文発布。
3月28日、神仏判然（分離）令で廃仏毀釈運動起こる。
4月11日、討幕軍、江戸に入城。→慶喜、水戸へ退却→江戸開城。
幕臣大鳥圭介、江戸城を脱出、北関東でゲリラ戦を展開へ。
4月19日、伊藤博文、大坂裁判所判事で兵庫専任として外国事務を一任される。

1868	慶応4	生野に府中裁判所設置。（→7月29日、久美浜県に編入）。 4月21日、徳島藩稲田家士、江戸城西丸に入り6月まで滞在。 閏4月21日、政府、政体書を制定し府藩県三治制を決定。 4月、西ノ町海岸（後のメリケン波止場西）に兵庫（西）運上所開庁。 5月2日、大坂裁判所を大阪府に改称。（→以後、しばらくは大坂・大阪が混用された）。 5月3日、奥羽越列藩（当初25藩）同盟成立。 5月15日、官軍の彰義隊討伐（上野戦争）で稲田家士、奮戦。 5月20日、神戸外国人居留地造成工事を再開。 5月23日、兵庫裁判所を廃止、兵庫県（第一次）設置。→伊藤博文、初代知事に。生野・府中裁判所、久美浜県但馬出張所に降格。 5月24日、田安亀之助（徳川家達）、駿府70万石に封ずる。 6月20日、旗本の山名義済・池田徳潤、大名に昇格、村岡・福本両藩主に。 6月22日、明石・三日月・小野3藩の部隊、官軍北陸増援隊に編入へ京を出発。（→会津若松城・庄内鶴岡城まで進撃。→11月、京に凱旋）。

	明治元	7月13日、稲田家士、江戸本所石原町の隠れ家を襲い、彰義隊副将を逮捕。 7月15日（新9月1日）、大阪開港。 7月17日、江戸、東京に改称。 7月24日、神戸外国人居留地、競売始まる。 8月、神戸西町に県立洋学伝習所設立。 8月19日、榎本武揚らの旧幕府反乱軍、幕府艦船8隻を率いて品川沖を脱出。 9月8日改元。改元を機に一世一元の制を定める。 9月14日、政府軍、会津若松城総攻撃。（→9月22日、会津藩降伏）。 9月17日、坂本村（中央区橋通2丁目）に兵庫県庁舎を新築移転。 10月13日、江戸城を東京城と改称。 10月26日、榎本軍、箱館・五稜郭を占拠。 11月11日、対馬藩家老、新政府成立通告のため朝鮮に出発。→朝鮮は受理せず、鎖国政策を継続。→1875年9月20日、江華島事件の遠因に。 11月12日（新1868年12月25日）神戸居留地北東部で初めて競馬を開催（～1874）。

1868	明治元	11月19日(新1869年1月1日)、東京開市(↓1899年、東京開港)。新潟開港。 12月、姫路藩主酒井忠邦、前月の忠績の願いを受け版籍奉還を願い出る。兵庫県、宇治野村に貧院建設。 12月7日、新政府、東北諸藩を処分↓奥羽を7国に分割。 12月15日、榎本軍、箱館・五稜郭を本営とする。 ◇イギリス人土木技師J・W・ハート、神戸居留地の設計責任者となる。神戸港、戊辰戦争の補給基地として活況を呈する。
1869	明治2	1月20日、薩摩・長州・土佐・肥前4藩主、版籍奉還を奏上。 1月、兵庫県知事伊藤博文、「国是綱目」(兵庫論)を政府に建白。県立神戸洋学校、坂本村の県庁舎東に設立(1872年1月、明親館に合併)。 2月24日、天皇、東京滞在中、太政官を東京に移すと達する。(↓3月28日、天皇、再上京し東京到着=実質、東京遷都)。 3月6日(新4月17日)、第2回神戸居留地競馬に伊藤博文兵庫県知事が障害に出場。

4月10日、伊藤県知事免職、県判事に格下げ。↓久我通城、2代県知事に。

4月20日、宇治野村に神戸病院開設し医学伝習所（後の神戸医学校）併設。

5月18日、箱館・五稜郭の榎本武揚ら降伏、戊辰戦争終結。

5月21日、中島錫胤、3代兵庫県知事に就任。

6月17日、政府、版籍奉還を断行↓各藩主を知藩事に任命。

6月20日、陸奥宗光、4代兵庫県知事に就任。↓初代知事伊藤博文、神戸を去り、
　政府会計官権判事として東京へ。

7月17日、税所篤、5代兵庫県（権）知事に就任。

7月、徳島藩の禄制改革で稲田家士、陪臣扱いに。

8月2日、豊崎県を兵庫県に編入。

8月10日、久美浜県を分割して生野県設置、井田譲（権）知事就任。

8月15日、蝦夷地を北海道と改称。

9月24日、新禄制・士卒身分制に対し徳島藩家老稲田家士、特別扱いを陳情。

10月9、10日（新11月12、13日）、生田神社東の新コースで初の競馬（通算3回目）。

10月14日（新11月17日）、スエズ運河正式開通。

1870	明治3	3月11日、稲田家士、徳島藩からの分藩独立運動の推進を盟約。 3月21日、稲田家士の北海道移住と藩費負担の内命が徳島に届く。 4月3日、徳島藩、稲田問題を協議、本藩士ら激昂。 5月13日、徳島藩の過激派、淡路洲本の家老稲田屋敷を襲撃（庚午事変）。→翌日、徳島脇町でも決起したが、藩重役の説得で未遂に終わる。（→8月、政府、庚午事変の関係者を処分）。 6月、政府、湊川神社建立事業の再開を決め、兵庫県に業務を委託。 9月19日、政府、平民に名字使用を許可。 10月15日、政府、稲田家士に北海道移住を命じる。（→1871年2月～移住へ）。 10月23日、福本藩、窮乏のため廃藩を願い出、鳥取藩に併合。 閏10月8日、中山信彬、6代兵庫県（権）知事に就任。
1871	明治4	1月、兵庫県、楠社（湊川神社）造営掛を設置。 5月9日、徳島藩の淡路北部の津名郡43カ村、兵庫県に移管。 6月9日、生田川付け替え工事完成。 7月14日、廃藩置県。→1開拓使（北海道）3府302県が誕生。 →11月2日、豊岡県（全但馬・全丹後と丹波西部3郡）姫路県（全播磨）誕生。

1872	明治5	豊岡県県令（権令）に小松彰、姫路県権令に中島錫胤が就任。 ↓11月8日、姫路県、飾磨県に改称。 ↓11月15日、淡路全島、名東（旧徳島）県に編入。 ↓11月20日、第二次兵庫県（摂津西部5郡）発足。 ↓知事改め県令（11月2日）に神田孝平（初代知事から通算7代目）就任。 （↓11月22日、府県統合が進み、3府72県に。↓11月27日、県治条例制定）。 10月、神戸港、石垣工事が完成。 11月12日、岩倉使節団、欧米へ横浜を出発。 1月29日、身分族称を皇族・華族・士族・平民とする。 5月、楠社を湊川神社と命名、初の別格官幣社に。↓5月24日、遷座式、翌日楠公祭。 ↓6月、初代宮司に旧薩摩藩士折田年秀就任（第3、5代も）。 8月3日、学制発布。 9月12日、新橋・横浜間鉄道開業。 9月、兵庫県令神田孝平、飾磨県の加古・明石・美嚢3郡の編入を願うも却下。

1872	明治5	11月9日、太陽暦採用を布告。→明治5年12月3日を明治6年1月1日とする。
1873	明治6	1月4日、兵庫運上所、神戸税関に改称。（←1872年11月28日、呼称変更決定）。 1月10日、徴兵令を布告。→大阪に鎮台設置。→神戸坂本村に兵庫分営。（→翌年8月、砲兵第七大隊が大阪から移駐）。 5月、兵庫県、下山手通4丁目の旧オランダ領事邸を買収。→旧庁舎の解体資材を移し、領事邸を増築して新県庁舎に。（→1902年5月、上記隣接地に県庁舎を新築移転。→現県公館）。 旧生田川河川敷整備を終え、請負者加納宗七にちなみ加納町と命名。 6月24日、明親館廃校。 7月28日、地租改正条例布告。 9月13日、岩倉使節団帰国。 10月25日、征韓論が入れられず西郷隆盛らが政府幹部を辞職、下野。 ◇神戸雑居地海岸石垣の築造完成、海岸通開通。 第一国立銀行（現みずほ銀行）神戸支店開設。

西暦	和暦	事項
1874	明治7	1月17日、板垣退助、副島種臣らが民選議院設立建白書を左院に提出。 2月4日、江藤新平らが挙兵（佐賀の乱）。 2月6日、政府、台湾出兵決定。（↓5月22日、陸軍中将西郷従道、兵を率い台湾平定）。 4月30日、神戸停車場（現JR神戸駅）落成。↓5月11日、大阪―神戸間官営鉄道開業。 5月、姫路に大阪鎮台分営設置。 6月、神戸海軍操練所跡地をイギリス領事に貸与。 7月、アメリカ人ウォルシュ、製紙会社工場敷地借用を出願。（↓1875年1月認可。↓1879年3月、ウォルシュ兄弟、神戸に製紙工場設立）。 11月、イギリス公使の勧告で神戸福原に神戸黴毒病院を創設。（↓1880年、中央区下山手7丁目に新築移転）。
1875	明治8	◇宇治野町に私立英語学校開校。 5月7日、ロシアと樺太・千島交換条約調印。 9月20日、朝鮮で江華島事件。 10月12日、県内初の女学校「神戸ホーム」（現神戸女学院）創立。

1875	明治8	11月27日、信仰の自由を達する。
1876	明治9	2月26日、日朝修好条規調印。 3月28日、廃刀令。 4月1日、満20年をもって成人とする。 8月5日、華士族以下の家禄・賞典禄廃止（秩禄処分）。 8月21日、豊岡県を分割。↓全但馬と丹波西部2郡を兵庫県へ。↓全丹後と丹波東部5郡を京都府へ編入。飾磨県と、名東県のうち全淡路を兵庫県に編入（第三次兵庫県）。 8月、強引な府県の統廃合に反発、各地で分県・独立運動が起きる。 9月9日、兵庫県権令に森岡昌純（通算8代目）就任。 10月24日、熊本敬神党（神風連）の乱。↓10月27日、秋月の乱。↓10月28日、萩の乱。 ◇三井銀行（現三井住友銀行）神戸支店開設。
1877	明治10	1月30日、鹿児島私学校生、政府の火薬庫・造船所を占拠（西南戦争の発端）。（↓2月15日、西郷隆盛らが兵を率い鹿児島を出発、西南戦争本格化。↓3月20日、政府軍、田原坂で西郷軍を破る。↓9月24日、西郷、自刃し同戦争終結）。

		2月5日、京都―大阪―神戸間の鉄道開通祝賀式。 3月、鹿児島県令大山綱良、神戸入港の船中で逮捕、護送。→9月30日、斬首。 10月1日、九州帰還兵満載の上り列車、現摂津本山駅付近で下り便と正面衝突。 ◇神戸、西南戦争の後方基地となる→参謀局・会計本部・運輸局など設置。 神戸監獄内の使役工場でマッチ製造。→マッチが企業化。 フランスから輸入のオリーブを神戸で栽培。
1878	明治11	5月14日、内務卿大久保利通暗殺（紀尾井坂の変）。 ◇イギリス人のキルビー、ギール、それぞれ神戸村小野浜に造船所設立。（→1884年3月、海軍省、両造船所を買収、同省小野浜造船所設立）。
1879	明治12	4月、兵庫県会開設。 11月、神戸英語学校を元町通3丁目の商業講習所（現県立神戸商高）に併設。
1880	明治13	3月2日、徳島県、高知県から独立。 ◇神戸にマッチ工場「清燧社」（滝川弁三）「明治社」（本多義知）、石鹸工場「鳴行舎」（播磨幸七、後の播磨油脂工業）創立。

参考文献

神戸新聞「兵庫学」取材班編『ひょうご全史』全2巻　神戸新聞総合出版センター　2005～2006年
神戸新聞社編『これだけは知っておきたい　ゆかりの50人　歴史と観光の散策ガイド』全7巻　崎山昌広監修・山崎整執筆、神戸新聞総合出版センター　2002～2006年
神戸新聞社編『故郷燃える』全4巻　のじぎく文庫　1970～1971年
杜山悠『神戸歴史散歩―歴史の通りすぎるまち』創元社　1974年
落合重信・有井基『神戸史話―近代化うら話』創元社　1967年
兵庫県史編集委員会編『兵庫県百年史』兵庫県　1967年
前嶋雅光・蓮池義治・中山正太郎『兵庫県の百年』山川出版社　1989年
新修神戸市史編集委員会編『新修神戸市史 歴史編3、4』神戸市　1989年
新修神戸市史編集委員会編『新修神戸市史 行政編3』神戸市　2005年
神戸学検定公式テキスト編集委員会編『神戸学検定公式テキスト神戸学』神木哲男監修、神戸新聞総合出版センター　改訂版2012年
ビジュアルブックス編集委員会編『近代の歴史遺産をたずねて』神戸新聞総合出版センター　2006年
大国正美・楠本利夫編『明治の商店―開港・神戸のにぎわい』神戸史談会企画、神戸新聞総合出版センター　2017年
田辺眞人・谷口義子『神戸の歴史ノート』神戸新聞総合出版センター　2018年
田辺眞人編著『神戸人物史―モニュメントウォークのすすめ』神戸新聞総合出版センター　2010年

神戸市立博物館編『神戸開港150年記念特別展　開国への潮流―開港前夜の兵庫と神戸』開国への潮流展実行委員会　2017年
歴史教育者協議会編『100問100答日本の歴史5 近代』河出書房新社　1999年
石尾芳久『大政奉還と討幕の密勅』三一書房　1979年
井上勲『王政復古―慶応三年十二月九日の政変』中公新書　1991年
松尾正人『廃藩置県―近代統一国家への苦悶』中公新書　1986年
田中彰『日本の歴史15 開国と倒幕』集英社　1992年
田中彰『幕末維新史の研究』吉川弘文館　1996年
青山忠正『明治維新と国家形成』吉川弘文館　2000年
山本栄一郎『真説・薩長同盟』文芸社　2001年
家近良樹『孝明天皇と「一会桑」』文春新書　2002年
井上勝生『日本の歴史18 開国と幕末変革』講談社　2002年
井上勝生『シリーズ日本近現代史（1）幕末・維新』岩波新書　2006年
高橋秀直『幕末維新の政治と天皇』吉川弘文館　2007年
成田龍一『司馬遼太郎の幕末・明治』朝日選書　2003年
佐々木克『幕末政治と薩摩藩』吉川弘文館　2004年
徳富蘇峰『近世日本国民史』講談社学術文庫　1981年
新人物往来社編『異国人の見た幕末・明治ＪＡＰＡＮ 愛蔵版』新人物往来社　2005年
佐野真由子『オールコックの江戸』中央公論新社　2003年

原口泉・永山修一・日隈正守・松尾千歳・皆村武一『鹿児島県の歴史』山川出版社　1999年
鈴木孝一『ニュースで追う明治日本発掘（2）』河出書房新社　1994年
合田一道『日本史の現場検証』扶桑社　1998年
山本博文ほか『こんなに変わった歴史教科書』新潮文庫　2008年
八幡和郎『歴代知事300人　日本全国「現代の殿さま」列伝』光文社新書　2007年
中嶋繁雄『大名の日本地図』文春新書　2003年
外川淳『完全制覇　幕末維新』立風書房　1997年
佐藤信・五味文彦・高埜利彦・鳥海靖編『詳説日本史研究』山川出版社　2017年
篠田鉱造『幕末百話』角川選書　1969年
徳永真一郎『幕末列藩流血録』毎日新聞社　1979年
中華会館編『落地生根　神戸華僑と神阪中華会館の百年』研文出版　2000年
元綱数道『幕末の蒸気船物語』成山堂書店　2004年
フォス美弥子編訳『幕末出島未公開文書　ドンケル・クルチウス覚え書』新人物往来社　1992年
松方冬子『オランダ風説書―「鎖国」日本に語られた「世界」』中公新書　2010年
石井孝『日本開国史』吉川弘文館　2010年
石井孝『増訂　明治維新の国際的環境』吉川弘文館　1966年
石井孝『歴史のなかの天皇』岩波新書　2006年
石井孝『明治維新の舞台裏』岩波新書　1960年
羽仁五郎『明治維新―現代日本の起源』岩波新書　改版1956年

遠山茂樹『明治維新と現代』岩波新書　１９６８年
柴原拓自『世界史のなかの明治維新』岩波新書　１９７７年
星亮一『敗者の維新史―会津藩士荒川勝茂の日記』中公新書　１９９０年
岡義武『黎明期の明治日本』未來社　１９６４年
平尾信子『黒船前後の出会い―捕鯨船長クーパーの来航』ＮＨＫブックス　１９９４年
加藤祐三『黒船異変―ペリーの挑戦』岩波新書　１９８８年
加藤祐三『幕末外交と開国』ちくま新書　２００４年
歴史トレンド研究会編『幕末・維新大百科』ＫＫロングセラーズ　１９８９年
勝部真長監修『幕末・維新　知れば知るほど』実業之日本社　１９９６年
福地源一郎『幕府衰亡論』平凡社　１９６７年
淺川道夫『お台場 品川台場の設計・構造・機能』錦正社　２００９年
淺川道夫『江戸湾海防史』錦正社　２０１０年
阪田精一『ハリス』吉川弘文館人物叢書　１９６１年
ラザフォード・オールコック『大君の都』全３巻　山口光朔訳、岩波文庫　１９６２年
カール・クロウ『ハリス伝 日本の扉を開いた男』田坂長次郎訳、平凡社東洋文庫　１９７９年
佐藤雅美『大君の通貨』文春文庫　２００３年
東京都江戸東京博物館『日米交流のあけぼの―黒船きたる』１９９９年
岩下哲典『予告されていたペリー来航と幕末情報戦争』洋泉社　２００６年
曾村保信『ペリーは、なぜ日本に来たか』新潮選書　１９８７年

猪口孝『猪口孝が読み解く「ペリー提督日本遠征記」』ＮＴＴ出版　１９９９年
大江志乃夫『ペリー艦隊大航海記』朝日文庫　２０００年
サミュエル・エリオット・モリソン『伝記ペリー提督の日本開国』座本勝之訳、双葉社　２０００年
三谷博『ペリー来航』吉川弘文館日本歴史叢書　新装版２００３年
小島敦夫『ペリー提督　海洋人の肖像』講談社現代新書　２００５年
渡辺惣樹『日本開国―アメリカがペリー艦隊を派遣した本当の理由』草思社文庫　２０１６年
丸山健夫『ペリーとヘボンと横浜開港―情報学から見た幕末』臨川書店　２００９年
加藤祐三『幕末外交と開国』講談社学術文庫　２０１２年
西川武臣『ペリー来航　日本・琉球をゆるがした４１２日間』中公新書　２０１６年
藤井哲博『長崎海軍伝習所　十九世紀東西文化の接点』中公新書　１９９１年
カッテンディーケ『長崎海軍伝習所の日々』水田信利訳、平凡社東洋文庫　１９６４年
江藤淳・松浦玲共編『氷川清話』講談社学術文庫　２０００年
江藤淳・松浦玲共編『海舟語録』講談社学術文庫　２００４年
巌本善治編『海舟座談』勝部真長解説、岩波文庫　１９８３年
『勝海舟全集』全22巻　勁草書房　１９７２〜１９８２年
勝部真長『勝海舟』全2巻　ＰＨＰ研究所　１９９２年
江藤淳『海舟余波　わが読史余滴』文春文庫　１９８４年
松本健一『幕末の三舟　海舟・鉄舟・泥舟の生きかた』講談社選書メチエ　１９９６年
子母沢寛『勝海舟』全6巻　新潮文庫　１９６８〜１９６９年

子母沢寛『父子鷹』全2巻　講談社文庫　1973年
子母沢寛『おとこ鷹』全2巻　新潮文庫　1964年
村上元三『勝海舟』学陽書房人物文庫　2004年
高野澄『勝海舟』徳間文庫　1989年
津本陽『勝海舟 私に帰せず』全2巻　幻冬舎文庫　2007年
松浦玲『勝海舟』中公新書　1968年
石井孝『勝海舟』吉川弘文館　1974年
池田諭『坂本竜馬』大和書房大和選書　新装版1990年
池田敬正『坂本龍馬』中公新書　1965年
マリアス・ジャンセン『坂本龍馬と明治維新』平尾道雄・浜田亀吉訳、時事通信社　新版2009年
平尾道雄『土佐藩』吉川弘文館　新装版1995年
平尾道雄『龍馬のすべて』高知新聞社　1995年
平尾道雄『坂本龍馬海援隊始末記』中公文庫　改版2009年
平尾道雄『中岡慎太郎　陸援隊始末記』中公文庫　改版2010年
平尾道雄『明治維新と坂本龍馬』新人物往来社　1985年
山本大『坂本竜馬』新人物往来社　1974年
土居晴夫『坂本家系考』土佐史談会　1968年
土居晴夫『坂本龍馬とその一族』新人物往来社　1985年
土居晴夫『坂本龍馬の系譜』新人物往来社　2006年

小椋克己・土居晴夫監修『図説坂本龍馬』戎光祥出版　２００５年
今井幸彦『坂本竜馬を斬った男』新人物往来社　文庫版２００９年
絲屋寿雄『坂本龍馬』汐文社　１９７５年
嶋岡晨『坂本龍馬の生涯』新人物往来社　１９８３年
嶋岡晨『坂本龍馬の手紙』名著刊行会　１９８３年
小西四郎ほか編『坂本龍馬事典』新人物往来社　コンパクト版２００７年
宮地佐一郎『坂本龍馬 男の行動論』ＰＨＰ文庫　１９８５年
宮地佐一郎『龍馬百話』文春文庫　１９９１年
宮地佐一郎『龍馬の手紙』講談社学術文庫　２００３年
古川薫『坂本竜馬』講談社　１９８５年
山田一郎『坂本龍馬 隠された肖像』新潮社　１９８７年
山田一郎ほか『坂本龍馬 海援隊隊士列伝』新人物往来社　１９８８年
山田一郎『海援隊遺文』新潮社　１９９１年
木村幸比古『龍馬暗殺の真犯人は誰か』新人物往来社　１９９５年
木村幸比古『龍馬の時代』淡交社　２００６年
木村幸比古『龍馬暗殺の謎』ＰＨＰ新書　２００７年
菊地明『龍馬暗殺完結篇』新人物往来社　２０００年
菊地明『坂本龍馬進化論』新人物往来社　２００２年
菊地明『龍馬 最後の真実』ちくま文庫　２００９年

菊地明『龍馬暗殺 最後の謎』新人物文庫　２００９年
菊地明・伊東成郎・山村竜也『坂本龍馬101の謎』新人物文庫　２００９年
菊地明・山村竜也編『坂本龍馬日記』全2巻　新人物往来社　１９９６年
芳即正『坂本龍馬と薩長同盟』髙城書房　１９９８年
小美濃清明『坂本龍馬・青春時代』新人物往来社　１９９９年
小美濃清明『龍馬の遺言 近代国家への道筋』藤原書店　２０１５年
松浦玲『検証・龍馬伝説』論創社　２００１年
松浦玲『坂本龍馬』岩波新書　２００８年
飛鳥井雅道『坂本龍馬』講談社学術文庫　２００２年
宮川禎一『龍馬を読む愉しさ』臨川選書　２００３年
松岡司『定本坂本龍馬伝』新人物往来社　２００３年
菅宗次『龍馬と新選組』講談社選書メチエ　２００４年
京都国立博物館編『龍馬の翔けた時代』京都新聞社　２００５年
佐々木克『坂本龍馬とその時代』河出書房新社　２００９年
相川司『龍馬を殺したのは誰か』河出書房新社　２００９年
新人物往来社編『共同研究・坂本龍馬』新人物往来社　１９９７年
「歴史読本」編集部編『坂本龍馬歴史大事典』新人物往来社　２００９年
松尾正人『幕末維新の個性8　木戸孝允』吉川弘文館　２００７年
宮永孝『白い崖の国をたずねて　岩倉使節団の旅 木戸孝允のみたイギリス』集英社　１９９７年

宮永孝『幕末遣欧使節団』講談社学術文庫　２００６年
村松剛『醒めた炎 木戸孝允』全4巻　中公文庫　１９８７年
水嶋元『国の扉 桂小五郎伝』東京図書出版会　２０１３年
『西郷隆盛全集』全6巻　大和書房　１９７６〜１９８０年
山田済斎編『西郷南洲遺訓』岩波文庫　１９３９年
西郷隆盛『南洲翁遺訓』猪飼隆明訳・解説、角川ソフィア文庫　新版２０１７年
林房雄編『大西郷遺訓　現代語訳』中公クラシックス　新版２０１７年
奈良本辰也・高野澄編訳『西郷隆盛語録』角川ソフィア文庫　新版２０１０年
橋本昌樹『田原坂』中公文庫　改版２０１８年
川口武定『従征日記』青潮社　復刻１９８８年
海軍省編『西南征討志』青潮社　復刻１９８７年
圭室諦成『西南戦争』至文堂日本歴史新書　１９５８年
圭室諦成『西郷隆盛』岩波新書　１９６０年
喜多平四郎『征西従軍日誌　一巡査の西南戦争』佐々木克監修・解題、講談社学術文庫　２００１年
萩原延壽『西南戦争 遠い崖13―アーネスト・サトウ日記抄』朝日文庫　２００８年
小川原正道『西南戦争 西郷隆盛と日本最後の内戦』中公新書　２００７年
小島慶三『戊辰戦争から西南戦争へ 明治維新を考える』中公新書　１９９６年
海音寺潮五郎『田原坂 小説集・西南戦争』文春文庫　新版２０１１年
海音寺潮五郎『西郷隆盛』全4巻　角川文庫　新版２０１７年

文藝春秋編『「翔ぶが如く」と西郷隆盛 目でみる日本史』ビジュアル版文春文庫　新版２０１７年
猪飼隆明『西郷隆盛 西南戦争への道』岩波新書　１９９２年
林房雄『西郷隆盛』全12巻　徳間文庫　１９８６年
平泉澄『首丘の人・大西郷』錦正社　２０１６年
司馬遼太郎『翔ぶが如く』全10巻　文春文庫　新版２００２年
安藤英男『西郷隆盛』学陽書房人物文庫　新版１９９７年
勝部真長『西郷隆盛』ＰＨＰ文庫　１９９６年
江藤淳『南洲残影』文春文庫　２００１年
長尾剛『話し言葉で読める「西郷南洲翁遺訓」』ＰＨＰ文庫　２００５年
池波正太郎『西郷隆盛』角川文庫　新版２０１７年
津本陽『巨眼の男　西郷隆盛』全4巻　集英社文庫　新版２０１２年
童門冬二『小説 西郷隆盛』学陽書房人物文庫　２０１０年
藤咲あゆな『西郷隆盛　幕末 維新の巨人』ポプラポケット文庫　２０１７年
渋沢栄一編『昔夢会筆記―徳川慶喜公回想談』大久保利謙校訂、平凡社東洋文庫　１９６６年
渋沢栄一編『徳川慶喜公伝』全4巻　平凡社東洋文庫　１９７６～１９７８年
日本史籍協会編『徳川慶喜公伝　史料篇』東京大学出版会　新装版１９９７年
徳川慶朝『徳川慶喜家の食卓』文春文庫　２００８年
徳川慶朝『徳川慶喜家にようこそ わが家に伝わる愛すべき「最後の将軍」の横顔』文春文庫　２００３年
松浦玲『徳川慶喜―将軍家の明治維新』中公新書　増補版１９９７年

家近良樹『徳川慶喜』吉川弘文館人物叢書　２０１４年
星亮一・遠藤由紀子『最後の将軍徳川慶喜の無念 大統領になろうとした男の誤算』光人社　２００７年
小西四郎編『徳川慶喜のすべて』新人物往来社　新装版１９９７年
田中惣五郎『最後の将軍徳川慶喜』中公文庫　１９９７年
岩下哲典編『徳川慶喜 その人と時代』岩田書院　１９９９年
高野澄『徳川慶喜―近代日本の演出者』ＮＨＫブックス　１９９７年
神木哲男・崎山昌広編著『神戸居留地の３／４世紀 ハイカラな街のルーツ』神戸新聞総合出版センター　１９９３年
小野田一幸「兵庫開港決定へのみちのり―開港一五〇年によせて」『歴史と神戸 神戸開港１５０周年特集』57巻1号 神戸史学会　２０１８年
川崎晴朗『築地外国人居留地 明治時代の東京にあった「外国」』雄松堂書店　２００２年
楠本利夫『増補 国際都市神戸の系譜』公人の友社　２００７年
鴻山俊雄『神戸大阪の華僑 在日華僑百年史』華僑問題研究所　１９７９年
ヒュー・コータッツィ『維新の港の英人たち』中須賀哲朗訳、中央公論社　１９８８年
重藤威夫『長崎居留地 一つの日本近代史』講談社現代新書　１９６８年
高木應光『This is the MAN ハイカラ神戸を創った男A・C・シムの市民生活、スポーツ、ボランティア活動』兵庫県ラグビー協会・県高体連ラグビー部　１９９６年
高木應光『神戸スポーツはじめ物語』神戸新聞総合出版センター　２００６年
棚田真輔・表孟宏・神吉賢一『プレイランド六甲山史』出版科学総合研究所　１９８４年

谷口利一『使徒たちよ眠れ 神戸外国人墓地物語』神戸新聞出版センター 1986年
土居晴夫『神戸居留地史話』リーブル出版 2007年
鳥居幸雄『神戸港1500年 ここに見る日本の港の源流』海文堂 1982年
村上和子『洋菓子天国Ｋｏｂｅ』保育社 1987年
山下尚志『神戸港と神戸外人居留地』近代文芸社 1998年
神戸外国人居留地研究会編『居留地の窓から』ジュンク堂書店 1999年
神戸外国人居留地研究会編『神戸と居留地 多文化共生都市の原像』神戸新聞総合出版センター 2005年
神戸外国人居留地研究会編『居留地の街から 近代神戸の歴史探究』神戸新聞総合出版センター 2011年
神戸外国人居留地研究会編『開港と近代化する神戸』神戸新聞総合出版センター 2017年
神戸華僑華人研究会編『神戸と華僑 この150年の歩み』神戸新聞総合出版センター 2004年
「神戸と聖書」編集委員会編『神戸と聖書 神戸・阪神間の450年の歩み』神戸新聞総合出版センター 2001年
呉宏明編『こうべ異国文化ものしり事典』神戸新聞総合出版センター 2006年
ジャパン・クロニクル社編『神戸外国人居留地』土居晴夫解説、堀博・小出石史郎訳、神戸新聞出版センター 1980年
横浜開港資料館・横浜開港資料普及協会編『図説横浜外国人居留地』有隣堂 1998年
立川健治「神戸居留地における競馬1、2」『富山大学人文学部紀要』第25、26号 1996、1997年
早坂昇治『競馬異外史』中央競馬ピーアール・センター 1987年
早坂昇治『文明開花うま物語―根岸競馬と居留外国人』有隣堂 1989年

道谷卓『神戸歴史トリップ』神戸市中央区役所　２００５年
大山柏『戊辰戦役史』全2巻　時事通信社　１９６８年
佐々木克『戊辰戦争―敗者の明治維新』中公新書　１９７７年
野口武彦『幕府歩兵隊―幕末を駆けぬけた兵士集団』中公新書　２００２年
稲川明雄ほか編『北越戊辰戦争史料集』新人物往来社　２００１年
中須賀哲朗訳『英国公使館員の維新戦争見聞記』校倉書房　１９７４年
野口信一『会津えりすぐりの歴史―資料から読み解く真実の歴史』歴史春秋社　２０１０年
水谷憲二『戊辰戦争と「朝敵」藩―敗者の維新史』八木書店　２０１１年
高崎哲郎『評伝大鳥圭介　威ありて、猛からず』鹿島出版会　２００８年
星亮一『大鳥圭介』中公新書　２０１１年
伊東潤『死んでたまるか』新潮社　２０１５年
半沢裕人『幕末風雲児 大鳥圭介伝 けいすけじゃ』上郡民報　１９９３〜１９９９年
山崎有信『大鳥圭介傳』大空社伝記叢書　１９９５年
大鳥圭介・今井信郎『南柯紀行・北国戦争概略衝鉾隊之記』新人物往来社　１９９８年
古賀志郎『大鳥圭介　土方歳三との出会と別れ』彩流社　１９９３年
船山馨『お登勢』角川文庫　１９７０年、『続お登勢』角川文庫　１９７７年
内山正熊「維新外交の発進―明治元年の神戸事件をめぐって」『法学研究　法律・政治・社会』55巻10号　慶應義塾大学法学研究会　１９８２年
内山正熊『神戸事件―明治外交の出発点』中公新書　１９８３年

日向康『非命の譜』社会思想社現代教養文庫　1994年
M・V・ブラント『ドイツ公使の見た明治維新』原潔・長岡敦訳、新人物往来社　1987年
A・B・ミットフォード『英国外交官の見た幕末維新―リーズデイル卿回想録』長岡祥三訳、講談社学術文庫　1998年
アーネスト・サトウ『一外交官の見た明治維新』全2巻　坂田精一訳、岩波文庫　1960年
プティ・トゥアール『フランス艦長の見た堺事件』森本英夫訳、新人物往来社　1993年
新人物往来社編『伊藤博文直話　暗殺直前まで語り下ろした幕末明治回顧録』新人物往来社新人物文庫　2010年
佐々木隆『伊藤博文の情報戦略　藩閥政治家たちの攻防』中公新書　1999年
岩尾光代『歴史ポケット人物新聞　伊藤博文　誕生！　日本の総理大臣』大空ポケット新書　2010年
春畝公追頌会編『伊藤博文伝』全3巻　原書房明治百年史叢書　1970年
伊藤之雄『伊藤博文　近代日本を創った男』講談社　2009年
瀧井一博『伊藤博文　知の政治家』中公新書　2010年
瀧井一博編『伊藤博文演説集』講談社学術文庫　2011年

あとがき

　神戸新聞総合出版センターの合田正典さんから正式に本書の執筆依頼を受け、ほぼコンセプトを固めたのが、確か二〇一八年三月だった。気合を入れて調べにかかった頃、ラジオ関西から急ぎの「語り仕事」が二件、ほぼ同時に舞い込んだ。一つは、二〇〇六年七月から筆者が定期的にラジオ出演する契機となった「おもしろひょうご楽」の新バージョン。県内のエピソードを一話三分にまとめて随時流すミニ番組で、「四月にスタートするので、とりあえず十話、できれば二十話を早く収録したい」――。もう一つは「西播磨の山城」一話四分、週一回で一年分計五十二回。同じく四月から放送という猛スピードのダブルパンチが襲ってきた。神戸新聞の編集委員時代からお世話になっているラジ関には、二〇一五年四月以降「三上公也の情報アサイチ！」（月～木曜日午前六～十時）火曜日コメンテーターとして出演させてもらっている恩義もある。何より二つの新番組開始が目前に迫っている。さらに、あるオーケストラの演奏会の曲目解説を書け――などの依頼も次々と飛び込み、三月は疾風《はやて》のように過ぎ去った。

四月こそと意気込む前から既に、東京行きなど予定の決まっていた旅行や居留地研究会総会や播磨学研究所（姫路市）運営委員会などの諸行事もあり、おまけに週一回二科目の神戸学院大学の地域学講義も開講。そこへ、神戸新聞の県政百五十年記念特集（二〇一八年八月二十一日付）の人物伝なども加わった。

身の周りが何とも慌ただしい中、幕末・維新期の物語を書くには、何事も起こらない静寂より逆に、てんてこ舞いの今こそ「絶好の環境」ではないかとも思えてきた。物音一つしない部屋で一人、机にしがみつくより、喧噪のざわめく安居酒屋に身を置いた方が案外、キラリとしたヒントがひらめくようなものである。時に、京を脱出して山陰道を但馬・出石へと急ぐ桂小五郎であったり、神戸海軍操練所から江戸に召還された失意の勝海舟であったり、血気にはやる徳島藩士に淡路・洲本の屋敷を急襲された稲田家士であったりと、なぜか追われる身のリアルな映像が悪夢でだぶったりした。正味三カ月足らずの執筆は確かに短期決戦だが、期限も催促も無しでは、そもそも着手すらできなかったかもしれない。記者時代、特にニュース報道では、分単位で設定された締め切りが迫り、デスクのハッパに追い立てられるように原稿を書かされてきた。長期連載では締め切り単位が「日時」と少し和らぐものの、目に見えない圧力に押されて升目を埋めていく作業に変わりはなかった。書籍の執筆は、さしずめ「月日」単位の締め切りだが、ニュースや連載記事をも上回るプレッシャーに押しつぶされそうになりつつも、何とかゴールにたどり着いた。

執筆期間中の六月十八日、大阪府北部が「震度6強」の地震に見舞われた日、筆者は馬齢を重ね、満六十六歳を迎えた。政府の区分では「前期高齢者」という名の立派なお年寄りである事実を再認識させられた。真逆に今回、幕末・維新の群像を追っ掛けてみて改めて気づいたのは、躍動する若者の多さである。日本の人口は、つい最近の一億二千七百万人をピークに既に減り始めており、どんな策を尽くしても恐らく下り坂を転げ落ちるのは防ぎようがないだろう。ところが明治維新期は、約三千万人と現在の四分の一以下でしかないが、やがて人口爆発への助走路を走り始めようとする時代。大正末までの六十年足らずで二倍の六千万人に膨らみ、多くの若い命が失われた大戦時を挟んでも、昭和・平成の九十年余りでさらに倍増する、まさにそのスタート地点に立っていた若者たちであった。

本書の主な登場人物が、明治に改元された一八六八年九月時点での満年齢を知れば、やはり驚きは禁じ得ない。徳川家達（5）稲田邦稙（12）犬養毅（13）徳川家茂（2年前の7月、

20で没）蜂須賀茂韶（21）陸奥宗光（24）木戸松子・サトウ（25）伊藤博文・黒田清隆（27）島津忠義（28）滝善三郎（改元年2月、30で切腹）山県有朋・グラバー・徳川慶喜（30）谷干城（31）坂本龍馬（前年11月、31で没）榎本武揚・五代友厚（32）土方歳三・福沢諭吉（33）桂小五郎・東久世通禧（34）大鳥圭介（35）神田孝平（37）大久保利通（38）西郷隆盛・パークス（40）岩倉具視（42）勝海舟（45）島津久光（50）ロッシュ（58）オールコック（59）ハリス（63）プチャーチン（64）網屋吉兵衛（83）といった具合で、筆者の年齢を超えているのは、神戸村の港に船たで場（ドック）を造った呉服商の隠居、網屋だけであった。

夜明けの維新期に自らの信念だけを原動力にたくましく生きる若者像をリアルに描こうとしたが、激しく移りゆく時代背景は、欧米列強の下心に満ちた影響もないまぜになり、想像以上に複雑怪奇で、何とか解きほぐそうとする筆者の手に余るケースもしばしばだった。舌足らずや不備については読者諸賢のご寛恕《かんじょ》を願いたい。

二〇一八年九月

山崎　整

山崎　整（やまさき・ただし）

1952年、兵庫県南あわじ市生まれ、明石市育ち。神戸商大経営学科（現兵庫県立大）卒。神戸新聞社で文化部記者、編集・解説委員、姫路支社長、松方ホール館長などを歴任。定年後、県NIE推進協議会事務局長を務め、2017年4月から神戸市立博物館副館長（嘱託）。同新聞社では主に文化・歴史・文学・音楽・書評・レジャーなどを担当、文化面に「関西発レコード120年―埋もれた音と歴史」を158回連載した。

共著に『新居浜太鼓台』『名作を歩く』『ひょうご全史㊤㊦』『神戸学検定公式テキスト　神戸学』『人物紀行　時代のパイオニアたち』『今はむかし、伝説紀行』『古代史の舞台を行く』『近代の歴史遺産をたずねて』『ふるさとの古寺三十三カ寺めぐり』『ふるさとの川紀行』『姫路の祭り屋台』『こうべ文学散歩』『神戸市今昔写真集』『姫路BOOK』『BanCul播磨事典㊤㊦』『写真集　神戸の150年』。著書に『ゆかりの50人』シリーズ全7編など。

サンテレビ「ニュースEyeランド」「ニュースシグナル」コメンテーター、キャスター、ラジオ関西「山崎整のおもしろひょうご楽（がく）」パーソナリティーを務めた。2015年4月から「三上公也の情報アサイチ！」火曜日担当コメンテーター。

2007年10月から神戸学院大学客員教授（地域学）。

神戸市北区在住。

幕末《ばくまつ》維新《いしん》の兵庫《ひょうご》・神戸《こうべ》

2018年11月9日　第1刷発行
著　　者　山崎《やまさき》　整《ただし》
発 行 者　吉村　一男
発 行 所　神戸新聞総合出版センター
〒650-0044 神戸市中央区東川崎町 1-5-7
TEL078-362-7140　FAX078-361-7552
http://kobe-yomitai.jp/
印　　刷　株式会社　神戸新聞総合印刷

ISBN978-4-343-01017-9　C0021